中等职业教育会计专业课程改革系列教材

统计基础与技能

主　编　秦宏君　刘安邦

参　编　任洪润　韩　峻　胡　艳

主　审　彭纯宪

机械工业出版社

本书的编写指导思想是以"做中学、做中教"为理念，以"统计工作过程"和"具体实际岗位工作"为基点，以 2010 年 1 月 1 日开始实施的《中华人民共和国统计法》为依据，参照 2009 年的统计从业资格考试大纲的要求，按统计工作过程的逻辑顺序划分"项目"，按"项目"的具体内容确定"任务"。本书主要介绍统计预备知识、统计调查、数据资料的整理、数据资料的显示、统计常用的指标、抽样法基础知识、动态分析与指数分析和统计分析基础知识等内容。本书配有《统计基础与技能习题集》，并免费提供电子教案、参考答案等。

本书可作为中等职业学校财经商贸类相关专业学生使用的教材，也可作为初级统计专业人员、在职员工的短期培训教材或统计从业资格考试补充教材使用。

图书在版编目（CIP）数据

统计基础与技能 / 秦宏君，刘安邦主编 . —北京：机械工业出版社，2011.8（2022.8 重印）
中等职业教育会计专业课程改革系列教材
ISBN 978-7-111-35487-1

Ⅰ . ①统… Ⅱ . ①秦… ②刘… Ⅲ . ①统计学—中等专业学校—教材 Ⅳ . ① C8

中国版本图书馆 CIP 数据核字（2011）第 163811 号

机械工业出版社（北京市百万庄大街 22 号 邮政编码 100037）
策划编辑：宋 华 责任编辑：李 兴
封面设计：马精明 责任印制：刘 媛
涿州市般润文化传播有限公司印刷

2022 年 8 月第 1 版第 7 次印刷
184mm×260mm · 11.5 印张 · 279 千字
标准书号：ISBN 978-7-111-35487-1
定价：35.00 元

电话服务　　　　　　　网络服务
客服电话：010-88361066 机 工 官 网：www.cmpbook.com
　　　　　010-88379833 机 工 官 博：weibo.com/cmp1952
　　　　　010-68326294 金 书 网：www.golden-book.com
封底无防伪标均为盗版 机工教育服务网：www.cmpedu.com

前　言

　　本书在解构传统学科体系及教学方法、教学内容上进行了新的尝试，重构基于"统计工作过程"的学习领域，将理论与实践进行整合，删减繁琐的理论描述和不常用的统计方法，增加了运用计算机对数据处理和分析的方法介绍，注重培养学生岗位实务全程操作能力；构建以实践能力为本位、以项目课程为主体的模块化"统计基础与技能"课程体系。本书的内容与基层统计工作实际结合得十分紧密，其基础性、通用性、实用性的特点也很突出，易于中等职业学校学生的学习和掌握。

　　本书在编排和设计上，充分体现了以人为本的教育理念，主要特点是理论适度，突出实践，图表文并茂，通俗易懂。每个项目设有如下栏目：

- 项目导航：从本项目的特点导入本项目的学习目标和具体任务
- 温馨提示：对于书中的难点、疑点给予特别的提示或说明
- 项目总结：提纲挈领地概括项目的内容，使读者对知识的掌握更加条理化

　　为了贯彻"做中学、做中教"的理念，每个任务后都设有对该任务的"课堂训练"，"课堂训练"下设有"训练要求"、"训练内容"、对任务训练完成的自我评价和教师评价等几个方面。书中也不乏一些即兴的"试一试"、"练一练"、"想一想"等栏目，以激发学生能开动脑筋，积极参与。除此之外，本书中还专设了"知识拓展"栏目，为学生探究知识和深化学习提供更完整更全面的知识支撑。另外，为了方便教师教学和学生自主学习，本书还提供有大量的网络学习资源，读者可以从网站（http://www.cmpedu.com）免费下载电子课件、参考答案及教学建议等。欢迎广大教师和读者加入中职会计专业交流群（QQ群号：124688614）分享教学资源、交流教学经验。

　　本书建议总学时为72学时，具体分配如下：

项　目	内　容	理论学时	实训学时	学时合计
项目一	统计预备知识	5	5	10
项目二	统计调查	4	4	8
项目三	数据资料的整理	5	5	10
项目四	数据资料的显示	4	4	8
项目五	统计常用的指标	6	6	12
项目六	抽样法基础知识	4	4	8
项目七	动态分析与指数分析	5	5	10
项目八	统计分析基础知识	3	3	6
合计		36	36	72

　　本书由秦宏君、刘安邦任主编，彭纯宪任主审。具体编写分工：秦宏君编写了项目一和项目三、刘安邦编写了项目二和项目六、任洪润编写了项目四和项目五、胡艳编写了项目七、韩峻编写了项目八，最后由秦宏君统稿。

　　由于时间仓促，加之编者的水平有限，书中缺点、错误之处在所难免，恳请广大师生及读者批评指正。

编　者

目 录 ///

项目一　统计预备知识

项目导航

学习目标

- 阐述统计的含义
- 描述统计的任务及过程
- 区别统计工作中的几个重要概念
- 掌握与统计相关的 Excel 软件知识

具体任务

任务一　了解统计的含义

任务二　知悉统计的任务及过程

任务三　理解几个重要的统计基本概念

任务四　掌握与统计相关的 Excel 软件知识

任务一　了解统计的含义

任务要求

1. 能表述统计的定义及对三层含义的理解
2. 能列举日常生活或社会经济活动中的统计活动
3. 能明确三层含义的关系

知识储备

你能列举日常生活中的哪些情况使用过"统计"一词吗？

（1）篮球比赛时，记录员统计双方得分。

（2）班长每天登记班上出勤人数，老师说：请班长统计一下出勤人数。

（3）考试结束，统计期末考试成绩，计算全班总分、平均分数、合格率、优秀率……

以上活动我们都使用了"统计"这个词来表述。这里列举的"统计"中有累加、有计

数，还有计算之意。此外，在计算总分、平均分、合格率、优秀率时会用到加法、除法等得出相应计算结果，以便了解班级学生学习的总体情况。那么，这是我们今天将要学习的统计吗？

一、统计的含义

统计是指对与某一现象有关的数据搜集、整理、计算和分析的活动。换言之，从简单的计数到复杂的数据分析等一系列与数字打交道的工作都可以叫做统计。

在实际应用中，人们对"统计"一词的理解一般有三层含义：统计工作、统计资料、统计学，如图 1-1 所示。

图 1-1　统计的三层含义

（1）**统计工作是指对事物的数量表现进行资料的搜集、整理和分析的工作过程。**比如商店里每天要记录商品的销售量、销售额，工厂里每天要计量产品生产数量，交通运输部门要定时计算客流量和货运量等，这些都是非常基本的统计工作。再比如商业企业部门所作的市场调查，根据对调查上来的数据资料进行研究，对未来市场的前景所作的分析与预测；各级统计部门对其所属地区的工业、农业及服务业等方面的数据资料进行的搜集、整理和分析等也是统计工作。相对于前者，后者属于比较复杂的统计工作，需要专门的统计知识及相关的专业知识。

（2）**统计资料是指通过统计工作取得的、用来反映现象数量特征的数据资料的总称。**统计资料包括最初搜集登记的原始数据、加工整理后的汇总数据和进行分析计算得到的可以反映最终结果的数据。比如商店每天记录的商品销售量属于原始数据；各单位上报的统计报表、政府统计部门发表在统计年鉴中的数据属于加工整理后的汇总数据；而在统计报告中反映现象的规模、总量、水平、变化速度和比例关系等数据则是计算分析得到的反映最终结果的数据，这些都是统计资料。统计资料的形式是多样的，具体表现为统计图、统计表、统计公报、统计年鉴、统计手册及分析报告等。

（3）**统计学是指阐述如何搜集、整理数据并对数据进行分析、计算的理论和方法的科学。**统计学是一门学科，是在统计工作长期实践基础上形成和发展起来的，是统计工作的经验总结和理论概括，它来源于实践并进行了理论升华，指导统计实践，从而使统计实践活动更科学、严谨、标准和规范。

二、统计工作、统计资料与统计学三者之间的关系

统计工作、统计资料和统计学三者既有区别又有联系，主要表现在三个方面。

（1）**统计工作与统计资料是统计活动过程与活动成果的关系。**统计工作活动的主要目的是取得统计资料；统计资料的取得必须依靠统计工作来进行。

（2）统计工作与统计学是统计实践与统计理论的关系。一方面，统计学来源于统计工作，统计学是统计工作的经验总结和理论概括；另一方面，统计学又指导统计工作的实践。

（3）统计工作是先于统计学而发展起来的。

统计工作、统计资料与统计学三者之间的关系如图1-2所示。

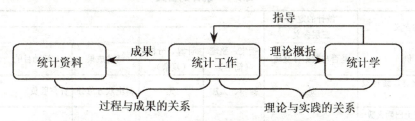

图1-2　统计工作、统计资料与统计学三者之间的关系

想一想

生活中如果没有数据会是什么样的？

在人们的日常生活和社会的各类经济活动中，伴随着大量的统计工作。学校每天要登记学生的迟到、早退、病事假和缺课情况；商店每天要登记商品的购进、销售和存储情况；工厂每天要登记原料采购、产品生产和产品销售情况；公司要定期得到生产经营状况的数据；政府部门要不断得到公布社会经济状况的各种数据资料；科研部门要不断搜集数据，并通过对这些数据资料的整理、汇总和分析得出所需要的结论。由此可见，没有数据的生活是不可想象的，统计工作在人们的日常生活和国民经济各类活动中几乎无所不在。

统计小知识

为增强社会公众对政府统计的认知，国家统计局从2001年10月15日起启用"中国政府统计"标志，如图1-3所示。标志图案外部弧形形似汉字"中"字，又是英文字母"C"和"S"（China Statistics 的缩写）的变形；内部为饼形图。整体寓意：中国政府统计。

图1-3　中国政府统计标志

课堂训练

一、训练要求

由2～4人的小组合作学习完成，也可独立完成。

二、训练内容

完成表 1-1 中空缺部分内容，请列举社会经济生活中与数据打交道的活动，并指出是否属于统计工作的理由。

表 1-1　统计的含义

统计的含义	统计的定义					
	三层含义					
举　例	是否与数据打交道	搜集、整理（简单）	计算、分析（复杂）	活动成果	活动目的	
（1）篮球比赛，统计双方得分	是	搜集、累加	无	得出双方总分	评判胜负	方法（略）
（2）登记班上出勤人数						
（3）计算总分、平均分数、合格率、优秀率						
（4）						

三、训练评价

根据表 1-1 完成情况，参照评分标准进行评分，将各项得分填入表 1-2 中。

表 1-2　填制统计含义评价表

各项分值及评分标准	自评分 / 分	小组评分 / 分	教师评分 / 分
统计的定义（20 分）			
统计的三层含义（15 分，每空 5 分）			
完成（2）（20 分，每空 4 分）			
完成（3）（20 分，每空 4 分）			
完成（4）（25 分；完成举例得 5 分，其余每空 4 分）			
各栏合计 / 分			
实际得分 / 分			

注：实际得分 = 自评分 ×30%+ 小组评分 ×30%+ 教师评分 ×40%。

任务二　知悉统计的任务及过程

任务要求

1. 明确统计的任务与职能
2. 能表述统计的工作过程
3. 理解统计的认识过程

知识储备

　　2009 年 6 月 27 日，十一届全国人大常委会第九次会议表决通过了修订后的《中华人民共和国统计法》（以下简称《统计法》）。修订后的《统计法》自 2010 年 1 月 1 日起施行，其中明确规定了统计的基本任务、统计的职能。《统计法》是一部保障统计工作有效开展，统计数据真实可信，基本符合国际通行统计规则的法律。

（1）你知道《统计法》中规定的统计的基本任务和职能吗？

（2）有效地开展统计工作，需要经历什么样的过程？完成这样一个工作过程能给我们带来什么样的收获和启迪呢？

一、统计的任务

统计的任务由基本任务和统计职能两个方面所规定。

1．统计基本任务

按照《统计法》规定，我国统计工作的基本任务是对经济社会发展情况进行统计调查、统计分析，提供统计资料和统计咨询意见，实行统计监督。

2．统计的职能

统计的职能是指统计本身所固有的内在功能。统计具有信息、咨询、监督三大职能。

（1）统计信息职能。统计信息职能是指统计具有信息服务的功能，即统计通过系统的搜集、整理、分析得到统计资料，在此基础上经过反复提炼筛选，用文字、数字、字符、图形等形式表示，提供大量有价值的、以数量描述为基本特征的统计信息，为社会服务。

（2）统计咨询职能。统计咨询职能是指统计具有提供咨询意见和对策建议的服务功能，即统计部门利用所掌握的大量的统计信息资源，经过进一步的分析、综合与判断，为决策和管理提供咨询意见和对策建议。统计咨询有有偿和无偿方式，应更多地走向市场。

（3）统计监督职能。统计的监督职能是指统计具有揭示社会经济运行中的偏差，促使社会经济运行不偏离正常轨道的功能，即统计部门以定量检查、经济监督、预警指标体系等手段，揭示社会经济决策及其执行中的偏差，使社会经济决策及其执行按客观规律的要求进行。

统计信息职能是统计的基本职能，是统计咨询和统计监督职能能够发挥作用的保证，统计咨询和统计监督职能的强化又会反过来促进统计信息职能的优化。

二、统计的过程

统计的过程应从两方面来理解。首先，作为统计的调查、整理和分析的活动，统计的过程表现为统计工作过程。其次，作为认识社会的活动，统计的过程表现为统计的认识过程。统计就是通过对社会经济现象进行调查、研究来认识其本质和规律性的一种认识过程。

1．统计工作过程

统计工作是与数字打交道的活动，从数据的搜集到得出结论、作出判断，一般可将统计工作过程按流程分为四个阶段，如图1-4所示。

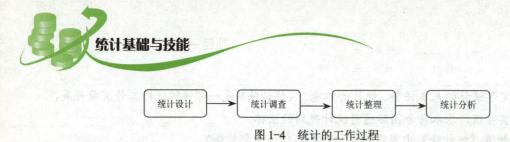

图 1-4　统计的工作过程

（1）统计设计。统计设计就是在进行统计工作之前，根据统计工作目的和统计对象的性质，对统计工作的各个方面和各个环节所进行的总体规划和全面安排。统计设计的结果表现为各种设计方案，如统计调查方案、汇总或整理方案、统计报表制度、统计指标体系、分类目录等。统计设计是统计工作的第一阶段，同时又贯穿了统计工作的全过程，它是整个统计工作协调、有序、顺利进行的必要条件，是保证统计工作质量的重要前提。

（2）统计调查。统计调查是根据统计设计方案的要求，采用科学的方法，对所要调查的对象有计划、有组织、系统地搜集资料的过程。统计调查是认识事物的起点，是统计整理和统计分析的基础环节。统计调查担负着搜集基础资料的任务。这个阶段所搜集的资料是否完整、准确、及时，直接关系到统计工作的质量。

（3）统计整理。统计整理是根据统计工作目的，将统计调查所取得的数据资料进行科学分组、汇总、列表的加工处理过程。统计整理使分散的、不系统的原始资料条理化、系统化，从而能够说明现象总体的特征，为统计分析打下基础。统计整理处于统计工作的中间环节，起着承前启后的作用。

（4）统计分析。统计分析是根据统计工作目的，综合运用各种分析方法和统计指标，对加工整理后的资料进行定性和定量的分析，揭示现象的数量特征和内在联系，阐明现象的发展趋势和规律性，做出科学结论的过程。统计分析是统计工作的决定性环节，也是统计工作的最后阶段，能揭示现象本质和得到发展变化规律的结论，是统计工作获取成果的阶段。

2. 统计的认识过程

统计是通过对社会经济现象数量方面的研究来认识其本质的过程。它是研究量的，但却不是从定量开始的，而是从定性开始的。在搜集原始统计资料（统计调查）之前，即统计设计阶段要求对研究对象有初步的了解认识，要根据所要研究对象的性质和研究任务、目的，确定调查对象的范围，规定分析这个对象的统计指标、指标体系和分组方法。这种定性工作是下一步定量工作的必要准备。

在统计调查和统计整理阶段，根据统计设计的要求，有计划、有组织地搜集各种数据资料，包括原始资料和次级资料，并对原始资料进行科学的分组与汇总，对已汇总的次级资料进行再加工，进而计算各种分析指标、各种再分组资料，为统计分析准备好系统的条理化的资料。

最后在统计分析阶段，利用各种统计方法，包括综合指标法、动态分析法、抽样分析法、指数分析法、统计预测法等，对所掌握的统计资料加以分析和评价，从而认识事物的本质和规律性，并据以对其未来的发展趋势做出科学的预测。统计的认识过程如图 1-5 所示。

图 1-5　统计的认识过程

从定性认识（统计设计）到定量认识（统计调查和统计整理），再到定量认识与定性认识相结合（统计分析）的认识过程是统计认识的完整过程。

课堂训练

一、训练要求

独立完成。

二、训练内容

填写下列空白部分。

1．《统计法》规定，我国统计的基本任务是对经济社会发展情况进行统计____、统计____，提供____和统计____意见，实行统计____。

2．统计的基本职能是指统计_____。____职能是指统计具有信息服务的功能。____职能是指统计具有提供咨询意见和对策建议的服务功能。____职能是指统计具有揭示社会经济运行中的偏差，促使社会经济运行不偏离正常轨道的功能。

3．统计工作过程按流程分为四个阶段，如图1-6所示。

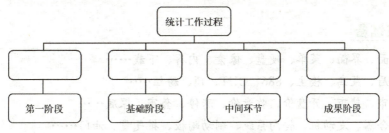

图1-6　统计的工作过程

4．统计是通过对社会经济现象____方面的研究来认识其____的认识过程。

5．统计的认识过程，如图1-7所示。

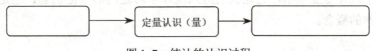

图1-7　统计的认识过程

6．从定性认识_____到定量认识_____，再到定量认识与定性认识相结合_____的认识过程是统计认识的完整过程。

三、训练评价

根据课堂训练的内容和评定标准，将各项得分填入表1-3中。

表1-3　填制统计的任务与过程评价表

各项分值及评分标准	自评分/分	小组评分/分	教师评分/分
1～2题（45分，每空5分）			
3～4题（30分，每空5分）			
5～6题（25分，每空5分）			
各栏合计/分			
实际得分/分			

注：实际得分=自评分×30%+小组评分×30%+教师评分×40%。

任务三　理解几个重要的统计基本概念

任务要求

1. 能列举几个重要的统计基本概念
2. 能理解和表述各基本概念的内容
3. 能运用所学概念对实际经济现象做出正确判断
4. 能列举各概念范畴之间的区别及内在联系

知识储备

- 桌面、界面、菜单、硬盘、像素、内存、下载……
- 美眉、菜鸟、楼主、886、OUT、顶、粉丝……
- 牛市、熊市、开盘价、收盘价、涨停、套牢、探底……
- 离合器、发动机、转向系统、制动踏板、排气量、油门……

以上列举的词汇你一定很熟悉，有计算机词汇、网络用语、股票用语、汽车术语。它们在各自的专业领域内使用，能使表述简洁、鲜明、准确。从事统计工作有哪些专业术语呢？图 1-8 中有六个统计专业术语，它是我们进入统计学习之门的一把钥匙，也是贯穿整个统计活动过程最基本的概念。

图 1-8　六个基本概念

一、统计总体和总体单位

1．统计总体

（1）统计总体的概念。统计总体是根据研究目的而确定的所要研究对象的全体，它是由客观存在的、具有某种共同性质的许多个体所构成的整体，简称总体。例如要研究某一地区国有工业企业生产情况，则该地区的 53 489 家国有工业企业是一个总体，这个总体是由各个国有工业企业组成，其中每个工业企业的所有制性质、产业分类是相同的（同质性），即都是进行工业生产活动的基层国有单位。

（2）统计总体的特征。一个总体必须同时具备三个特征，即同质性、大量性和差异性。

1）同质性是指构成总体的所有单位在某一方面具有共同的性质。同质性是形成统计总体的基础和前提条件。

2）大量性是指构成总体的总体单位数目要足够多。例如要研究一个地区整个工业的生产经营状况，就不能以个别企业的状况去评价，而应该对该地区许多工业企业生产经营状况进行观察、分析、研究，其结论才能反映该地区整个工业企业的生产经营状况。因为个别企业的生产经营状况受多种不同因素的影响，具有很大的偶然性和特殊性，只有对足够多的单位进行大量观察，个别事物的偶然性才能趋于相互抵消，显示出总体的必然性，抽象出总体的规律性。所以，大量性是形成总体的充分条件。

3）差异性是指构成总体的各单位之间在某一方面是性质相同的，但在其他方面必定有差异。没有差异的总体不可能成为统计的研究对象。例如，由国有企业构成的总体，在"经济类型"性质方面具有共性，但每一个企业在从业人数、工业总产值、劳动生产率等方面的表现又各有不同。如果53 489个国有工业企业在所有方面都一模一样，那么，统计也就没有必要了。事实上，客观现象总体是复杂的，各方面完全一样的单位是不可能存在的。由此可见，统计总体的差异性是进行统计研究的必要条件。

2．总体单位

总体单位是构成统计总体的每个单位，简称单位。前面提到的各个国有工业企业就是总体单位。当某地区53 489个国有工业企业构成一个总体时，每一个国有工业企业便是一个总体单位，共有53 489个总体单位；当某市34 873户家庭构成一个总体时，每一户家庭就是一个总体单位，共有34 873个总体单位。

3．总体与总体单位的关系

（1）总体和总体单位是整体和个体的关系，即由具有某种相同性质的若干个体的全体构成总体。总体单位是统计研究中的被观察点，统计研究的一个重要特点就是通过对每一个总体单位具体表现的观察后，再从总体上来描述和揭示现象的特征和规律。

（2）总体和总体单位的具体对象不是固定的，它们会随统计研究目的的变化而变化。例如，在前面所列举的国有工业企业这个统计总体的例子里，每个国有工业企业都是总体单位。但是，当要研究其中某一个典型国有工业企业内部问题的有关情况时，则该企业就成为统计总体了。

二、标志与统计指标

1．标志

（1）标志的概念。标志是说明总体单位属性或特征的名称。例如，全国人口总体，每个人是总体单位，每个人都有性别、年龄、民族、身高、体重等特征；若把每个商店作为总体

单位，那么，每个商店都有职工人数、所有制形式、营业额、经营种类等，这些都是统计单位所具有的某种特征。这些特征的名称就是标志。它是统计调查中的项目，即统计调查中所要采集的资料。

（2）标志的分类。标志按其特征的性质不同，可以分为品质标志与数量标志。品质标志是表明总体单位属性的特征，比如前面列举的每个同学的性别、民族，每个商店的所有制形式、经营种类等。品质标志只能用文字表达，如性别用"男"、"女"，所有制用"国有"、"集体"、"个体"、"合资"等。数量标志是表明总体单位数量特征的，比如前面列举的每个同学的年龄、身高、体重，每个商店的职工数、营业额等。数量标志用数值表示，如年龄用"17 岁"、"18 岁"，营业额用"30 万元"、"60 万元"等。

（3）标志的表现。标志的具体表现是指标志名称之后所列示的属性或数值，分为品质标志表现和数量标志表现。品质标志的具体表现用文字来说明，比如"性别"这一标志的具体表现有男、女。数量标志的具体表现通过数字来说明，比如"工资水平"这一标志的具体表现有 1 000 元、1 200 元、2 000 元……数量标志的具体表现称为标志值或变量值。

总体单位是标志的承担者。标志名称是统计所要调查的项目，标志表现是统计调查的结果，例如"年龄"是标志名称，"16 岁"是标志的表现，它是经过调查后所得到的结果；"性别"是标志名称，"男"、"女"是标志表现，它是经过调查后所得到的结果。

2．统计指标

（1）统计指标的概念。各种说明总体综合数量特征和数量关系的数字资料，统计上称为统计指标。可见，统计指标是反映总体现象数量特征的概念和具体数值，简称指标。它是将总体单位数或标志值汇总起来或进一步计算的结果，而且必须用数量表示。一般由指标名称、指标数值和计量单位组成。例如要表明某地区工业企业这个总体的数量特征，其数量表现有该地区

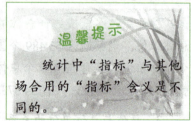

温馨提示

统计中"指标"与其他场合用的"指标"含义是不同的。

2009 年底工业企业单位数 1.2 万家，全年工业总产值 900 亿元，职工人数 150 万人，人均产值 6 万元，总产值比上年增长 10% 等。这些都是说明总体综合数量特征的，都称作指标。按照这种理解，一个完整的指标概念通常包括六个构成要素，即时间、地点、指标名称、指标数值、计算方法、计量单位。这六个要素可归纳为指标概念和指标数值两个部分。统计指标具有数量性、综合性、具体性三个特点。

（2）统计指标的种类。统计指标按其说明总体现象的性质不同，可分为数量指标和质量指标。

1）数量指标是反映总体现象规模大小和数量多少的统计指标。它有两种表现形式：一是总体单位总量，即说明一个总体内部总体单位的总数的总量指标；二是总体标志总量，即反映总体中各单位某一数量标志值的总和。由于数量指标都是反映社会经济总量的，且指标数值均为绝对数，故数量指标也称为统计绝对数或总量指标，比如人口总数、国民生产总值、工业总产值、工资总额、职工总数等。数量指标是统计中最基本的指标，是计算质量指标的基础数据。

2）质量指标是用相应的数量指标进行对比所得到的反映社会经济现象相对水平或平均水平，表明对比关系或平均水平的指标。质量指标的数值一般表现为相对数或平均数形式，

即为相对指标或平均指标，比如优质品率、人口出生率、平均工资、劳动生产率等。质量指标是反映现象本身质量或效益的统计指标。

3．标志与指标的区别与联系

（1）标志与指标的区别主要表现在以下两个方面。

1）说明的对象不同。标志是说明总体单位特征的；指标是表明总体特征的。

2）表现形式不同。标志可以用数量表示为数量标志，也可以用文字表示为品质标志；而指标都是用数量来表示的。

（2）标志与指标的联系可从以下两个方面来理解。

1）统计指标是建立在相应的总体单位及其标志值基础上的，它们是相应的各个总体单位及其数量标志值的汇总或综合计算的结果。

例如，对某班 40 名学生某次考试成绩按试卷登记得到如下资料：

| 64 | 70 | 89 | 64 | 56 | 95 | 98 | 79 | 88 | 88 | 78 | 89 | 60 | 78 | 68 | 78 | 79 | 95 | 68 | 60 |
| 78 | 89 | 100 | 37 | 75 | 84 | 78 | 64 | 78 | 85 | 85 | 70 | 70 | 84 | 68 | 75 | 89 | 75 | 89 | 75 |

这些调查数据是对个体数量标志值的登记，将其汇总得到总体单位总量 40 名学生、总体标志值总量（总成绩）3 090 分、平均成绩 77.25 分。这里的总体单位总量、总成绩、平均成绩就是说明总体数量特征的统计指标。

2）指标和数量标志之间存在着变换关系。由于研究目的不同，总体和总体单位也会不同，有的指标可能会变成标志，有的数量标志可能变成指标。例如，当某省为总体时，其所属各县为总体单位，则各县的人口数是标志，因为它是总体单位的特征，将各县的人口数汇总即得到该省的人口数；而当以该省的某县为总体时，该县所属各乡为总体单位，则该县的人口数就是指标，因为它反映的是总体的数量特征，它由各乡人口数汇总而得。

三、变异与变量

1．变异

（1）变异的概念。变异是指标志的具体表现在总体各单位之间的差异。例如，在人口总体中，性别是个标志，男、女是标志的具体表现，性别这个标志在总体各单位的表现是有差异的，有的表现为男，有的表现为女；同样，年龄是个标志，年龄这个数量标志在总体各单位间的表现是不同的，有 0 岁、1 岁、2 岁……这就是变异。变异是普遍存在的，因而也是统计的前提。

（2）变异的分类。变异分为品质变异和数量变异两种。

1）品质变异是指品质标志在总体各单位之间的不同表现，比如性别在不同单位之间的不同表现是品质变异。

2）数量变异是指数量标志在总体各单位之间的不同表现，比如年龄在不同总体单位的不同表现是数量变异。

2. 变量

（1）变量的概念。**可变的数量标志和所有的统计指标称为变量。变量的具体取值称为变量值。**例如，人的年龄是个变量，其不同的取值如 18 岁、20 岁、30 岁等称为变量值。

（2）变量的分类。按变量值的连续性可分为连续变量和离散变量两种。

1）**连续变量的取值是连续不断的，相邻的两个值之间可作无限分割，即可取无限个值，**例如人的身高、体重等。连续变量的取值一般要用量具测量或计算的方式取得。

2）**离散变量的各个变量值都是整数位，即两个变量值之间只能取有限个变量值，**例如职工人数、企业个数等，都只能按整数计量，不可能有小数。离散变量的数值只能用计数的方法取得。

连续变量和离散变量的区别，从直观的表现形式上看，前者可用小数表示，后者不能用小数表示。

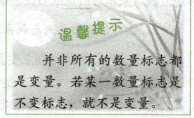

温馨提示

并非所有的数量标志都是变量。若某一数量标志是不变标志，就不是变量。

温馨提示

某些连续变量如"年龄"，通常习惯用整数的方法表示。

四、各基本概念之间的关系小结

对以上所学各基本概念进行小结，将各概念之间的关系进行梳理，如图 1-9 所示。

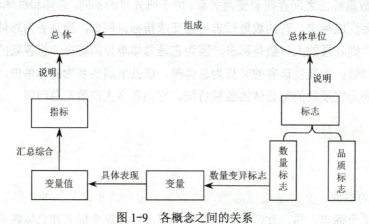

图 1-9　各概念之间的关系

课堂训练

一、训练要求

由 2～4 人的小组合作学习完成，也可独立完成。

二、训练内容

根据以下资料计算总分、平均分、合格率、优良率，完成表 1-4 中空缺部分。

某班 40 名学生某次考试成绩按试卷分数登记得到如下资料：

64 70 89 64 56 95 98 79 88 88 78 89 60 78 68 79 79 95 68 60 78 89 100 37 75 84
78 64 78 85 85 79 70 84 68 75 89 75 78 75

表1-4 案例分析结果填表

概念名称			对应案例内容
总体			
总体单位			
标志（变量）			
标志值			
指标	数量指标	总体单位总量	
		总体标志总量	
	质量指标		

三、训练评价

根据课堂训练的内容和评分标准，将各项得分填入表1-5中。

表1-5 填制统计相关概念评价表

各项分值及评分标准			自评分／分	小组评分／分	教师评分／分
总体（10分）					
总体单位（10分）					
标志（变量）（10分）					
标志值（10分）					
指标	数量指标	总体单位总量（20分）			
		总体标志总量（20分）			
	质量指标（20分）				
各栏合计／分					
实际得分／分					

注：实际得分＝自评分×30%＋小组评分×30%＋教师评分×40%。

任务四 掌握与统计相关的 Excel 软件知识

任务要求

1. 了解 Excel 2003 界面中的几个基本概念
2. 学会创建新工作簿
3. 掌握输入不同类型的数据
4. 学会编辑、复制公式进行计算
5. 学会运用函数进行计算

知识储备

统计工作就是对大量数据资料的收集、整理和分析。在没有计算机的时代，这些工作依靠手工来完成。而随着计算机的普及和操作软件集成化和智能化，这些繁杂的数据处理工作都可以借助于计算机来实现。美国微软公司 Office 软件在全世界得到了广泛的运用和普及，其中的

Excel 软件具有强大的统计功能，统计学中的一般数据处理都可以通过 Excel 软件来实现。

（1）如果你曾经学习过 Excel 软件，那么请重温一下其中的主要功能。

（2）如果你没有学过，请一起来探索 Excel 软件的各种功能和用途。

一、认识 Excel 界面

1. 启动 Excel 界面

在微软 windows 操作系统中，单击"开始"按钮，选择"所有程序"，在子菜单中选择"Microsoft Office"，单击"Microsoft Office Excel 2003"即可启动 Excel，进入 Excel 操作环境，如图 1-10 所示。

你能填出图 1-10 中的标注吗？如果你学习过 Excel，请试一试；如果你没学过或不记得了，那就别错过了这次学习的机会！请继续往下学习，你就能填写标注了。

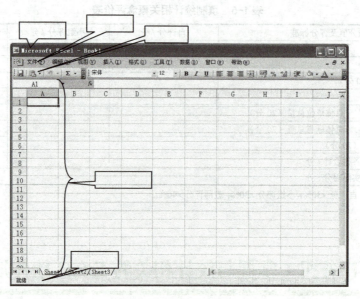

图 1-10 Excel 界面

2. Excel 界面中的几个基本概念

首先，我们认识 Excel 界面几个基本概念，见表 1-6。

表 1-6 Excel 界面几个基本概念

项　　目	概 念 说 明	操 作 提 示
工作簿	Excel 文档是以工作簿的形式表现的，打开 Excel 文档就是打开了一个工作簿，它由工作表等要素组成	新创建工作簿时，Excel 会自动命名为 Book1，存储时可以重命名
工作表	由排列成行和列的单元格组成，以表格形式显示，用于输入、显示、编辑和分析数据，工作表相当于工作簿中的页	新建工作簿自动赋予三张工作表：Sheet1、Sheet2、Sheet3。同一工作簿中可以增加或减少工作表的数量，并可重新命名
单元格	每张工作表由若干行和列组成，行列相交形成单元格。单元格是构成工作表的基本元素，用于输入、显示和计算数据	Excel 软件规定，一张工作表最多行数不能超过 65 536，最多列数不能超过 256

（续）

项　目	概　念　说　明	操　作　提　示
单元格地址	用来标识单元格的位置，它由列号和行号组合表示。其中，列号用 A、B、C，…，AA、AB、AC，…表示；行号用 1、2、3，…，65 536 表示	单元格地址必须用西文状态，先写列号后写行号。字母大小写通用

试一试

（1）如何表示 C 列第 2 行，C 列第 20 行单元格地址？

（2）如何表示 C 列第 2 行到第 20 行的单元格区域？

（3）如何表示 C 列第 2 行到 E 列第 20 行的单元格区域呢？

3．Excel 界面介绍

Excel 界面可以分为五个区域，自上而下依次为标题栏、菜单栏、工具栏、操作区和状态栏。现将各区域分别作简要说明，见表 1-7。

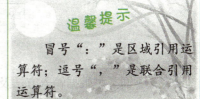

温馨提示

冒号"："是区域引用运算符；逗号"，"是联合引用运算符。

表 1-7　Excel 界面五个区域说明

区　域	说　明
标题栏	如 Book1、Book2 等，存储时可以重命名
菜单栏	文件、编辑、视图、插入、格式、工具、数据、窗口和帮助 9 个选项，集中了所有操作命令
工具栏	集中了常用操作命令
操作区	主要由单元格、网格线、行号、列号等组成。可以进行各种操作，一般情况下，先选中要操作的区域，单击鼠标右键，在弹出的快捷菜单中选择相应的操作命令。详细说明见表 1-8
状态栏	显示输入、编辑、就绪等工作状态

表 1-8　"操作区"中的对象名称及说明

对　象　名　称	说　明
活动单元格	当前操作的单元格
列标	列的编号
行号	行的编号
全选按钮	单击全选按钮可以选取所有单元格
名称框	一般状态下，显示单元格的地址
编辑栏	在编辑栏中可以对活动单元格中的数据进行编辑
工作表编辑区	在工作表编辑区可以选择、插入、删除、移动、重命名工作表

对应表 1-8 中的对象名称及说明，将名称填入图 1-11 对应的空白框中。

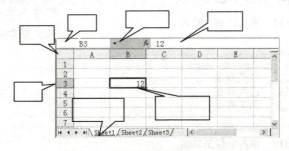

图 1-11　"操作区"中的对象名称

二、输入不同类型数据的操作方法

（1）数据输入步骤。

1）将要输入数据单元格变为当前单元格，如图1-12所示。

2）在此单元格中输入数据。

3）单击〈Enter〉键结束。

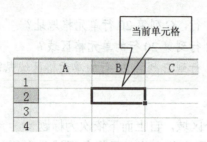

图1-12 当前单元格

（2）不同类型数据输入方法及举例见表1-9。

表1-9 不同类型数据输入方法及举例

数据类型	输入方法	举 例
数值型数据	直接通过键盘在当前单元格中输入	图1-13
日期与时间型数据	用"/"或"-"作为日期分隔符，用"："作为时间分隔符	图1-14
字符型数据	由汉字、字母、数字编码及其他符号组成	图1-15
逻辑型数据	视同字符型数据输入，只是其数据变化只有两种形式	略

	A	B	C
1	34562.45		
2			
3			

图1-13 输入数值型数据

	A	B	C
1	日期	2010-5-23	
2	时间	10:05	
3	日期时间	2010-5-23 10:05	

图1-14 输入日期、时间

温馨提示

一个单元格内只能存放一个数据。若在同一单元格内输入日期和时间，必须输入空格加以分隔。

	A	B	C
1	0023	甲类商品	
2	0024	乙类商品	
3	0025	丙类商品	
4			

图1-15 输入字符型数据

输入 0023、0024 这样的商品编号时，必须在 0023 前面添加西文状态下的单引号（'），单击〈Enter〉键后每个数据单元格左上角会出现一个深色小三角，说明这个数据非数值型，否则，计算机会将其默认为数值型数据使前面的两个 0 无法显示。

拓展应用

（1）你会使用填充柄输入相同数据吗？

（2）如果要依次输入 1996、1997、1998……2010 这样的数据，你有什么好方法？

三、编辑公式、复制公式和计算的操作方法

公式是 Excel 的核心功能之一，它使工作表具备了自动计算的能力，用户只需输入原始数据，进一步的计算用公式来实现，准确、快速又方便。

以 2009 年湖北省国内总产值资料为例，如图 1-16 所示，计算各产业全年总产值、全省各季度总产值以及全年各产业总值占全省比重。

产业分类	一季度	二季度	三季度	四季度	全年	各类产业比重
第一产业	4700	12025	22500	35477		
第二产业	31968	70070	106477	156958		
第三产业	29077	57767	88840	142917		
合计						

2009年湖北省国内生产总值资料（亿元）

图 1-16 2009 年湖北省国内总产值资料

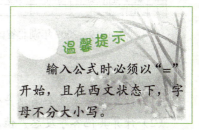

温馨提示

输入公式时必须以"＝"开始，且在西文状态下，字母不分大小写。

（1）编辑公式——计算第一产业全年总产值的操作步骤。

1）选定单元格 F3，如图 1-16 所示。

2）在单元格 F3 中输入公式"=B3+C3+D3+E3"，如图 1-17 所示。

产业分类	一季度	二季度	三季度	四季度	全年	各类产业比重(%)
第一产业	4700	12025	22500	35477	=B3+C3+D3+E3	
第二产业	31968	70070	106477	156958		
第三产业	29077	57767	88840	142917		
合计						

2009年湖北省国内生产总值资料商店每（亿元）

图 1-17 2009 年湖北省国内总产值资料

3）按〈Enter〉键，计算结果便自动生成，如图 1-18 所示。

（2）复制公式——计算第二、第三产业全年总产值的操作步骤。

1）选中已输入公式的单元格 F3，如图 1-18 所示。

F3			=B3+C3+D3+E3				
	A	B	C	D	E	F	G
1	2009年湖北省国内生产总值资料（亿元）						
2	产业分类	一季度	二季度	三季度	四季度	全年	各类产业比重
3	第一产业	4700	12025	22500	35477	74702	
4	第二产业	31968	70070	106477	156958		
5	第三产业	29077	57767	88840	142917		
6	合计						

填充柄

图 1-18　2009 年湖北省国内总产值资料

2）鼠标指向此单元格的填充柄，向下拖曳至 F5，则自动生成 F3 至 F5 的数值，如图 1-19 所示。

F3			=B3+C3+D3+E3				
	A	B	C	D	E	F	G
1	2009年湖北省国内生产总值资料（亿元）						
2	产业分类	一季度	二季度	三季度	四季度	全年	各类产业比重
3	第一产业	4700	12025	22500	35477	74702	
4	第二产业	31968	70070	106477	156958	365473	
5	第三产业	29077	57767	88840	142917	318601	
6	合计						

图 1-19　2009 年湖北省国内总产值资料

温馨提示

　　公式复制是 Excel 中非常重要的功能，利用此功能使带有"重复性"的操作大大简化。

试一试

（1）计算第一季度全省总产值。

（2）计算其他各季度总产值。

　　操作方法：利用公式复制功能，将鼠标指向单元格 B6 的填充柄，向右拖曳至 F6，则自动生成 B6 至 F6 的数值，如图 1-20 所示。

图 1-20　利用"公式复制"功能操作图

（3）计算比重——计算全年各类型产业占总产值比重的操作步骤。

1）选中 G3 单元格，如图 1-21 所示。

图 1-21   选中 G3 单元格

2）在单元格 G3 中输入公式"=F3/758776*100"（或"=F3/$F$6*100"），如图 1-19 所示。

图 1-22   输入公式"=F3/758776*100"

3）单击〈Enter〉键，第一产业比重计算结果便自动生成，如图 1-23 所示。

图 1-23   第一产业比重计算结果

温馨提示

图 1-23 中比重公式的输入方法也可以是"=F3/$F$6*100"，然后按"<Enter>"键即可。你有更快捷的方法输入 $F$6 吗？准备输入 $ 符号时，先单击 <F4> 键试试看。

4）利用公式复制功能，计算出第二、第三产业比重以及合计值，如图 1-24 所示。

图 1-24   计算出第二、第三产业比重

四、运用函数进行计算

函数就是 Excel 已经定义好的公式。用户在 Excel 中进行数据计算时，可以有两种计算方式，一种如前例使用自定义公式，另一种就是使用函数。用户如果使用函数计算，只需写出函数名加以调用，Excel 将自动计算出结果。

（1）函数由四要素组成，见表 1-10。

表 1-10   函数构成的四要素

构 成 要 素	具 体 内 容
"="	表示函数
函数名	每个函数都有一个名称，例如求和为 "SUM"、平均数为 "AVERAGE" 等
括号 "（）"	函数的参数要写在括号内
参数	函数运算所需的数据，一般是常数、单元格引用，也可以是另外一个函数

（2）运用函数计算。利用图 1-16 资料，我们用函数计算第一产业全年生产总值，步骤如下：

1）选定输入函数的单元格 F3。

2）单击"插入"菜单，选择"函数"选项，弹出"插入函数"对话框，如图 1-25 所示。

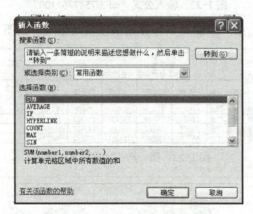

图 1-25   "插入函数"对话框

3）在"选择类别"列表中选择"常用函数"，在"选择函数"下拉列表中选择"SUM"，如图 1-25 所示。

4）单击"确定"按钮，弹出 SUM 函数对话框，如图 1-26 所示。

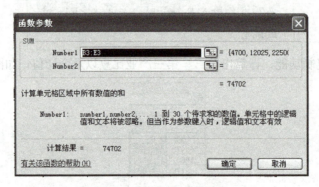

图 1-26   SUM 函数对话框

5）在 SUM 函数对话框中输入参数 B3:E3（求和的单元格区域），按"Enter"键即可。

拓展应用

（1）插入函数的路径有很多，你还可以从哪儿插入函数？
（2）你还知道哪些函数名？
（3）如果对上例要求计算全年平均，你能用函数计算吗？试一试！

课堂训练

一、训练要求

在多媒体教室，由 2～4 人的小组合作学习完成或独立完成操作。

二、训练内容

在 Excel 中输入下列资料，并运用函数或编辑公式完成各项计算，见表 1-11。

表 1-11　某班学生资料及考试成绩一览表

学　号	姓　名	出生年月	语　文	数　学	英　语	体　育	总　分
01	张静	1992-12-26	92	85	85	76	
02	向婷	1993-03-20	89	94	88	84	
03	黄银	1992-12-01	93	88	83	73	
04	牟剑侠	1992-08-31	92	96	82	83	
05	胡敏	1992-11-23	92	93	81	75	
06	王沁	1992-09-21	93	88	65	80	
07	沈诗琪	1992-08-10	88	77	78	80	
08	张慧	1993-12-20	91	92	79	84	
09	夏瑶	1993-08-15	82	83	72	75	
10	钱敏	1991-06-07	80	90	89	73	
11	袁雨虹	1991-10-01	67	90	63	96	
12	余梦	1993-08-08	70	80	69	77	
13	黄汉荣	1992-08-12	66	84	86	78	
14	许诗笛	1993-01-01	85	90	79	89	
15	王晶	1992-10-23	80	92	93	78	
16	邓蕙娟	1991-08-27	89	60	93	81	
17	黄侠	1993-09-09	90	60	86	86	
18	万媛	1993-11-02	79	69	79	70	
19	张畅	1993-04-17	74	86	70	75	
20	吴红梅	1992-12-03	82	84	65	78	
	全班各科总分						
	全班各科平均分						

三、训练评价

根据课堂训练的内容和评分标准，将各项得分填入表 1-12 中。

表 1-12　运用函数或编辑公式完成各项计算评价表

各项分值及评分标准	自评分 / 分	小组评分 / 分	教师评分 / 分
输入学号（20 分）			
输入姓名（20 分）			
输入出生年月（20 分）			
输入分数（20 分）			
运用函数计算（20 分）			
各栏合计 / 分			
实际得分 / 分			

注：实际得分 = 自评合计 ×30%+ 小组评分合计 ×30%+ 教师评分合计 ×40%。

 知识拓展

1. 总体的分类

总体有有限总体和无限总体之分。有限总体是指若一个总体中的总体范围和总体单位数目都能明确确定，且总体单位数有限可数，能准确计算出总数，例如一个商业企业的职工人数或一定时期经营的品种组成的总体。无限总体是指总体范围不能明确确定或总体单位数目无限，例如无法确定总体范围的气象总体、宇宙总体、动态总体等就属于无限总体。

区分不同总体，有利于采用不同的方式进行调查研究。比如，对无限总体不能进行全面调查，只能抽样调查其中的一小部分单位，据以推断总体；对有限总体既可以进行全面调查，也可以只抽样调查其中一部分单位。

2. 统计指标的特点

统计指标有数量性、综合性、具体性三个特点。

（1）数量性是指统计指标都是可以计量的，例如企业数、学校数、人口数等。无法计量的经济范畴或概念就不能作为统计指标，例如商品、经济性质、政治面貌等。

（2）综合性是指统计指标是对总体单位某种数量特征综合的结果，是说明总体数量特征的。若以一个班级全体学生为总体，则其中某个人的学习成绩不是指标，而全班学生的平均学习成绩才是指标。

（3）具体性是指统计指标是反映一定时间、地点条件下总体现象的数量表现，而不是抽象的范畴或数量。这有别于数学上的量可以是抽象和脱离客观内容的，而统计指标一旦脱离了具体内容则毫无意义。

3．统计指标体系

一个指标只能反映总体的某一个或某一方面的特征，客观现实中的现象具有许多侧面和特征，并且相互联系、彼此制约着。为了全面深入地了解和认识客观事物，必须采用具有相互联系的多个统计指标。由若干个相互联系、相互制约、相互补充的统计指标组成的一个整体，称为统计指标体系。统计指标体系能从多个不同的方面综合反映总体现象的状况和发展变化，以满足人们全面深入认识客观事物的要求。统计指标体系有以下两种不同的表现形式：

（1）各指标之间存在着确定的对应关系，可以利用数学关系式来表现。例如：

$$总产值 = 单价 \times 产量$$
$$销售额 = 单价 \times 销售量$$
$$总成本 = 单位成本 \times 产量$$

（2）框架式联系的指标体系，通过相互补充的关系表现出来。例如反映某一地区居民生活状况时，由人口数、居住面积、收入、储蓄、支出等一系列指标共同说明，因为每一个单个指标只能反映某地区居民这个总体的某一方面的特征。

项目总结

统计是指对与某一现象有关的数据的搜集、整理、计算和分析的活动。

在实际应用中，人们对"统计"一词的理解一般有三层含义：统计工作、统计资料、统计学。现代统计是人们正确运用统计理论和方法采集数据、整理数据、分析数据并以此得出结论的实际操作过程，是人们从数据上认识客观世界的一种活动和结果。

统计工作的基本任务是对经济社会发展情况进行统计调查、统计分析，提供统计资料和统计咨询意见，实行统计监督。统计具有信息、咨询、监督三大职能。

统计工作过程有统计设计、统计调查、统计整理和统计分析四个阶段。

统计的认识过程从定性认识（统计设计）到定量认识（统计调查和统计整理），再到定量认识与定性认识相结合（统计分析）。这种认识过程是统计认识的完整过程。

统计中最基本的概念有统计总体和总体单位、标志和统计指标、变异和变量。

项目二 统 计 调 查

项目导航

学习目标
- 理解统计调查的意义
- 掌握统计调查的方法以及调查方案的制订
- 运用正确的调查方法准确、及时地采集所需的统计资料

具体任务

任务一　学习统计调查基础知识
任务二　掌握统计调查方案的编写
任务三　掌握搜集统计调查资料的方法与技巧
任务四　初步掌握调查问卷的设计

任务一　学习统计调查基础知识

任务要求

1. 理解统计调查的基本概念
2. 了解统计调查种类
3. 理解统计调查方法

知识储备

中国人口普查
CHINA POPULATION CENSUS

2010年第六次全国人口普查

根据国家普查项目和周期安排的有关规定，我国已于2010年开展了第六次全国人口普查。人口普查主要调查人口和住户的基本情况，内容包括性别、年龄、民族、受教育程度、行业、职业、迁移流动、社会保障、婚姻生育、死亡、住房情况等。

我国目前正在进行的还有农产品产量调查、城乡住户调查、价格调查、人口变动调查

等。这些统计调查都直接关系到我们国家的社会发展和国计民生的大事。

　　这些重大的统计调查工作是如何组织和进行的呢？进行这些工作需要具备哪些基本知识？

一、统计调查

　　统计调查就是按照预定的方案，有计划、有组织地向调查单位搜集统计资料的活动过程，又称统计数据的采集。统计调查是搜集统计资料获得感性认识的阶段。它既是对现象总体认识的开始，也是进行统计整理、统计分析的基础环节。

　　统计调查要采集的资料有原始资料和次级资料两种。

　　原始资料是指向调查单位搜集的尚未整理的个体资料，也称第一手资料，例如考勤表、购物的发票、领料单等。统计调查的基本任务就是取得原始资料。

　　次级资料是指搜集的已经加工整理过的，在一定程度上能反映总体特征的资料，也称二手资料，例如考试及格率、平均体重、年度商品销售额等。

　　统计调查必须要符合准确性和及时性两个基本要求。准确性是指调查资料必须符合实际，真实可靠地反映现象的本质；及时性是指搜集资料完成的时间必须符合调查任务规定的要求。统计调查的准确性和及时性是衡量调查工作质量的重要标志。

二、统计调查的种类

　　根据不同的标准，统计调查有不同分类，如图2-1所示。

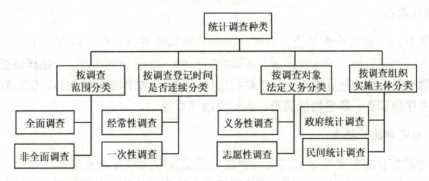

图2-1　统计调查种类

　　全面调查是对构成调查对象总体的所有调查单位一一进行调查登记的一种调查方式，比如全面定期统计报表、普查。

　　非全面调查是对构成调查对象总体的部分个体进行调查登记的一种调查方式，例如抽样调查、重点调查等。

　　经常性调查是随着调查对象情况的变化，连续不断地调查登记，例如对产品产量、主要消耗原材料等的调查。

　　一次性调查是指间隔一定时间进行一次的调查，例如人口普查、工业普查等。

三、统计调查方法

《统计法》第十六条对统计调查方法规范为以周期性普查为基础，以经常性抽样调查为主体，同时辅以重点调查、全面定期统计报表的统计调查方法等。我国现行的统计调查方法体系主要包括四类，如图2-2所示。

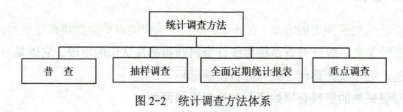

图2-2　统计调查方法体系

1．普查

普查是专门组织的一次性的全面调查，用以调查属于某一时点上现象的总量。我国确立了"人口普查、农业普查、经济普查"三项国家周期性普查制度，是搜集重大国情国力信息的最基本、最重要的统计调查方式。人口普查、农业普查每十年进行一次，分别在尾数逢0和6的年份实施；经济普查每5年进行一次，分别在尾数逢3和8的年份实施。例如，我国第五次全国人口普查，以2000年11月1日零时为标准时点，调查表明，那时刻全国总人口为129 533万人。

一定时点也称标准时点，是指统一规定的调查资料所属的标准时间。

普查的组织方式有两种：一种是自上而下组织专门的普查机构，配备一定数量的普查人员，向调查单位直接进行登记；另一种是向调查单位发放普查表，由其自行填报。

2．抽样调查

抽样调查是一种非全面调查，是按照随机原则从调查总体中抽取部分个体进行调查，取得样本统计调查数据，并据以推断总体数量特征的一种统计调查方法。抽样调查方法能够多快好省地取得必要的统计数据，是当前我国统计调查方法体系中的主体，例如农产品产量调查、城乡住户调查、零售物价调查、人口变动调查等。

3．全面定期统计报表

全面定期统计报表是指统计调查对象按照依法批准的统计调查表进行填报，由统计调查者予以汇总的一种统计调查方法。统计调查对象的全部单位，必须按规定的时间和周期填报上级布置的统计表，例如月报表、季度报表、年度报表等。统计调查表是指在统计调查中用以对调查单位进行登记、搜集原始资料的表格。

4．重点调查

重点调查是一种非全面调查，是在调查对象中选择一部分重点单位进行的调查。重点单位是指在调查总体的某标志总量中占有很大比重的少数单位，它们能够反映调查总体的基本情况。例如要了解全国钢铁生产的产量情况，只要对几个主要的大型钢铁企业的钢铁产量进行调查，就可以掌握全国钢铁生产的基本情况了。

课堂训练

一、训练要求

独立完成。

二、训练内容

1．不定项选择题

（1）下列选项正确的有（　　　　）。

    A．语文考试平均分数是原始资料　　　　B．个人每月零花钱数是原始资料

    C．中职毕业生就业率是次级资料　　　　D．看病缴费收据是原始资料

（2）对下列现象进行统计调查，属于重点调查的有（　　　　）。

    A．对月销售收入占全行业月销售总额比重最大的 10 家商场的调查

    B．对月销售收入占全行业月销售额 20% 以下的商场的调查

    C．向各商场发放统计月报表，调查 8 月份销售收入情况

    D．对年产量占全国汽车总产量比重较大的几家汽车制造企业的调查

    E．对参加 2010 年全国高考中 500 分以上的部分文科考生的调查

（3）普查属于（　　　　）。

    A．经常性的全面调查　　　　　　　　B．一次性的全面调查

    C．经常性的非全面调查　　　　　　　D．一次性的非全面调查

（4）下列适于抽样调查的现象是（　　　　）。

    A．销售额月报表　　　　　　　　　　B．学生的健康体检

    C．用饮料代替白开水的人数比重　　　D．学生每天上网的时间

    E．学生中追星族的比重

2．填空题

（1）我国确立了_____、_____、_____三项周期性普查制度。

（2）我国第六次人口普查的标准时点是_____。

（3）抽样调查是一种_____调查，是按照随机原则从调查总体中抽取部分单位进行调查，取得样本统计调查数据，并据以_____的一种统计调查方法。

三、训练评价

根据课堂训练的内容和评分标准，将各项得分填入表 2-1 中。

表 2-1　学习统计调查基础知识实训评价表

各项分值及评分标准	自评分 / 分	小组评分 / 分	教师评分 / 分
每一选项或空格 10 分，共 100 分；错一个空格或选项扣 10 分			
实际得分 / 分			

注：实际得分 = 自评分 ×30%+ 小组评分 ×30%+ 教师评分 ×40%。

任务二 掌握统计调查方案的编写

任务要求

1. 理解统计调查方案的作用
2. 掌握统计调查方案的结构、内容
3. 能够编制统计调查方案（部分内容）

知识储备

> 统计调查涉及千家万户，一个全国性的调查项目往往需要动员成千上万的人协同工作才能完成。为了在调查过程中统一认识、统一内容、统一方法、统一步调，顺利完成任务，在调查进行之前必须有一个统一的统计调查方案。正确制订统计调查方案，是保证统计调查有计划、有组织进行的首要步骤。

统计调查方案是为开展统计调查而制订的计划，是统计调查前所制订的实施计划，是全部调查过程的指导性文件，是调查工作有计划、有组织、有系统进行的保证。统计调查方案一般应包括六个内容，如图2-3所示。

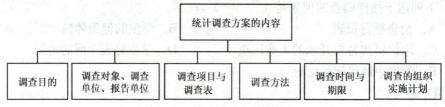

图2-3 统计调查方案的内容

一、确定调查目的

调查目的是指调查中要考虑的三个方面，即调查要达到什么结果、为了达到预期的结果要采集那些统计资料、这些统计资料要起到什么作用。例如，2010年11月1日我国进行的第六次人口普查调查方案中规定调查目的是查清2000年以来我国人口数量、结构、分布和居住环境等方面的变化情况，为科学制定国民经济和社会发展规划，统筹安排人民的物质和文化生活，实现可持续发展战略，构建社会主义和谐社会，提供真实准确、完整及时的人口统计信息支持。

二、明确调查对象、调查单位、报告单位

调查对象是根据调查目的所确定的统计总体。例如在我国人口普查中，调查对象是全国人民（具有中国国籍，并在中华人民共和国境内常住的自然人）构成的总体。第六次人口普

查对象是指普查标准时点在中华人民共和国境内的自然人以及在中华人民共和国境外但未定居的中国公民，不包括在中华人民共和国境内短期停留的境外人员。

调查单位是指调查对象中的总体单位，是调查登记的标志的承担者。

报告单位是负责向统计调查机关填写提交调查资料的单位。

调查单位与报告单位两者要根据调查对象的特点和要求确定，两者有时是一致的，有时是不一致的。比如，拟调查中等职业学校学生（以下简称中职生）的学习情况，调查单位是每位中职生，填报单位是学校，两者不一致。拟调查中职生课余时间的支配情况，则调查单位与填报单位都是每位中职生，两者是一致的。

三、制订调查项目、调查表

调查项目即向调查单位登记的标志，包括品质标志和数量标志。例如第六次人口普查中主要登记的调查项目有：姓名、性别、年龄、民族、受教育程度、行业、职业、迁移流动、社会保障、婚姻生育、死亡、住房情况等。

调查表就是将事先拟定的调查项目，按一定的逻辑顺序和答案所需的空格，合理地安排在一份表格上形成的。调查表一般的分为一览表和单一表两种。一览表是一张表上填写许多调查单位和相应的调查项目，见表2-2。单一表是一张表上只填写一个调查单位的若干个调查项目，见表2-3。

表2-2　中等职业学校学生健康状况调查表

制表机关：市教育局
批准机关：市统计局
批准文号：（10）0055号

姓　名	性　别	年　龄	身　高	体　重	胸　围	视　力	听　力
代　码	1	2	3	4	5	6	7

填表人：　　　　　　　　　　　　　　　　　　　填表日期：2010年　月　日

表2-3　社会消费品零售额

区县名称：　　　　　　　　　　　　　　　　　　　计量单位：元

项　目	代码	零售额	限额以上企业	限额以下企业	个体工商户	商品交易市场	其他
甲	乙	1	2	3	4	5	6
社会消费品零售额	01						
按用途分	—						
吃类商品	02						

（续）

项　目	代码	零售额	限额以上企业	限额以下企业	个体工商户	商品交易市场	其他
甲	乙	1	2	3	4	5	6
穿类商品	03						
按行业分	—						
批发零售业	04						

填表人：　　　　　联系电话：　　　　　报出日期：　　年　　月　　日

说明：1. 本表由各区县统计局报送。

2. 统计范围：辖区内国民经济各行业实现的消费品零售额。

3. 报送时间：2005 年 3 月 31 日报表报送。

调查表一般由表头、表体和表脚组成。表头是指调查表的名称；表体是指调查的具体内容，是调查表的主要部分；表脚包括调查者或填报人的签名和调查日期等。

调查表的表式确定后，还必须附有"填表说明"，填表说明的内容包括解释表中某项标志的含义、范围、计算方法、分类目录、统计编码等。为了应用计算机的需要，还必须给每个标志或填写答案加上代码。

四、确定调查方法

依据调查的目的和任务以及调查对象的特点，统计调查可以采用各种调查方法，如普查、抽样调查、全面定期统计报表、重点调查、典型调查等。在各种调查组织方法下又有不同的搜集统计调查资料的方法，如访问法、报告法、观察法、问卷法、试验法等。每项统计调查应根据要求合理地采用一种或几种方法进行。但不论采用哪种调查方法，必须要达到调查目的，必须要厉行节约，少花钱多办事。

五、确定调查时间、期限

（1）调查时间是指调查资料所属的时间。若调查的是时期现象，其调查时间就是指收集的资料所属的起止时间。例如调查某企业某年 3 月份的产品产量，其调查时间为某年 3 月 1 日至 3 月 31 日；若调查的是时点现象，则要明确规定统一的调查标准时点，如我国第六次人口普查的标准时点为 2010 年 11 月 1 日零点。

（2）调查期限是指进行调查登记的起止日期。例如我国第六次人口普查的调查登记从 2010 年 11 月 1 日开始至 10 日结束，就是要用 10 天的时间来完成人口的调查登记工作。复查工作应于 2010 年 11 月 15 日前完成。

六、确定调查的组织实施计划

调查的组织实施计划是指调查的具体工作计划，是从组织上保证调查工作顺利开展的重要依据，主要包括：调查的领导机构、调查步骤、参加调查的单位和人员、调查前的宣传教育工作、人员培训、经费的来源与开支等。

参见以下关于中职生学习态度的调查方案案例。

调查方案案例

关于中职生学习态度的调查方案

一、调查目的

为了促进中职生学习氛围，端正学习态度，拟通过调查了解中职生对待学习的真实心理状况，摸清学生们对待学习的态度、表现及其产生的根源，不同的学习态度带来的主客观影响及其结构。为有针对性地制订帮扶计划以及为下阶段完善学生思想政治工作规划，提供科学、可行的数据资料。

二、调查对象与调查单位

调查对象：财贸学校全体学生。

调查单位：财贸学校在校的每位学生。

报告单位：被抽取的学生。

三、调查项目

1. 学习方面：学习兴趣、课堂表现、课后时间安排、课外读物。

2. 生活习惯方面：家务劳动、家长的期望与管教、日常行为习惯。

3. 理想与抱负：向往的工作、理想的事业、对一些社会现象的看法。

四、调查期限

2010 年 9 月 5 日至 9 月 15 日。

五、调查方式方法

本次调查采取抽样调查方法、问卷调查法。

运用不重复抽样方法，分年级地随机抽取 10% 的学生组成样本，向样本单位发放问卷 120 份。

六、调查的组织实施计划

本次调查将由两名教师、五名财经专业三年级学生组成调查小组。

9 月 5 日开始调查前的准备工作，包括设计问卷、抽取样本等。

9 月 10 日发放问卷，9 月 15 日回收问卷。

9 月 30 日前完成调查分析报告。

课堂训练

一、训练要求

由 2 ~ 4 人的小组合作学习完成，也可独立完成。

二、训练内容

1. 简述统计调查方案包括哪些项目？

2．不定项选择题

（1）下列选项属于"调查项目"的有（　　　）。

    A．中专毕业　　　B．文化程度　　　C．男性　　　D．性别

    E．满族　　　　　F．民族　　　　　G．东北虎　　　H．动物

    I．销售收入 10 万元　　　　J．销售额

（2）对下列现象进行的表述是错误的有（　　　）。

    A．调查对象与调查单位有时是一致的

    B．统计月报表应于次月 1-5 日前上报上级统计部门是法定的调查时点

    C．拟调查超市"男士衬衫"的销售情况，则超市各种品牌的衬衣都是调查单位

    D．统计调查方法就是统计收集资料方法，两者是一致的

    E．统计调查访问法、报告法、观察法、问卷法、试验法是不同的收集资料的方法

3．实训题

在以下三个项目中，你任选一个作为调查目的，设计一份统计调查方案。

（1）我班学生的课外活动情况。

（2）你的上网时间。

（3）零花钱的使用情况。

三、训练评价

根据课堂训练的内容和评分标准，将各项得分填入表 2-4 中。

表 2-4　掌握统计调查方案编写实训评价表

各题分值及评分标准	自评分 / 分	小组评分 / 分	教师评分 / 分
1 简述题六个项目（共 20 分）			
2 选择题（共 20 分）			
3 实训题（每个项目 10 分，共 60 分，调查方案包括六个项目）			
实际得分 / 分			

注：实际得分 = 自评分 ×30%+ 小组评分 ×30%+ 教师评分 ×40%。

任务三　掌握搜集统计调查资料的具体方法与技巧

任务要求

1．理解与掌握搜集统计调查资料的方法和技巧

2．理解与掌握调查资料的质量检查方法

3．了解调查资料的质量控制

知识储备

> 每天我们都可以通过各种渠道看到许多统计数据，例如：
>
> 《2008 年全国新闻出版业基本情况》显示，2008 年全国共出版图书 274 123 种，期刊 9 549 种，报纸 1 943 种（不含香港、澳门、台湾地区的数据）。
>
> 我国第五次人口普查结果：全国总人口为 129 533 万人，汉族人口为 115 940 万人，占总人口的 91.59%；各少数民族人口为 10 643 万人，占总人口的 8.41%。
>
> 这些数据都是通过哪些具体的方法获取的？在采集这些数据的过程中又有哪些可借鉴的技巧？

统计调查的一个重要环节就是搜集统计资料。这些用于获取资料的手段、方法，就是搜集统计资料的方法。获取统计资料要从两个方面进行：一是搜集原始资料，二是搜集次级资料。

一、原始资料的搜集方法

原始资料的搜集方法主要有访问法、直接观察法、报告法和问卷法。

1．访问法

访问法又称采访法，是调查人员直接向被调查者了解情况，获取资料的一种最常用的方法。访问法又可分为面谈访问法（个别访问或集体访问）、邮寄访问法、电话访问法、互联网访问法等。以面谈访问法为例，搜集资料一般要做好以下几个步骤：

（1）访前准备，主要包括掌握过去相关问题的研究情况，避免重复调查；掌握被访问对象的基本情况，争取访问工作的主动；掌握有关政策、文件精神，正确处理调查中遇到的问题。

（2）制定访谈方案，主要包括访问目的、访问的问题、访问的方式方法、调查表格、时间安排等。

（3）接近被访者。访问的第一步是接近被访者以及如何称呼的问题。称呼恰当，就为接近被访者开了一个好头。称呼要亲切自然，因人而异。接近被访问者推荐以下几种方式：

1）正面接近，即开门见山，先自我介绍，再直接说明调查的目的、内容，然后开始访问。

2）自然接近，即在某种共同活动中接进对方，如看球赛、乘车船、旅游中了解对方，再开始访问。

3）求同接近，即在寻求与被访问者的共同语言中接近对方，比如同学、同乡、共同的兴趣爱好等，都可以成为最初交谈的话题，继而进入访问的话题。

4）友好接近，即从关怀、帮助被访问者入手来联络感情、建立信任，再进入访谈。

（4）对被访问者提问是调查访问的主要手段和环节。访问技巧就是提问的技巧。访谈中所提出的问题，可分为实质性问题和功能性问题两大类。

1）实质性问题是指为了完成调查任务中规定的内容而提出的问题。它可分为以下几个方面：

①事实方面问题，比如姓名、年龄、职业、产量、产值、文化程度、语文考试成绩。

②行为方面问题，比如"你收看南非世界杯比赛了吗？""你报名参加学校的篮球队了吗？"

③观念方面问题，比如"你认为在公共场所大声喧哗文明吗？""你赞成为老弱病残孕

让座吗？"

④感情、态度方面问题，比如"你怎样看待解放军抗震救灾的英雄行为？"

2）功能性问题是指在访问过程中为了对被访问者发生某种作用而提出的问题。它可分为以下几个方面：

①接触性问题是为了接触被访问者。比如"你的精神状态挺好的，是坚持锻炼的结果吧？"

②试探性问题是为了验证你选择的被访问者与访问时间是否合适，以决定访问是否进行、如何进行。比如"你是学财经专业的吧？""在实习单位做了哪些具体工作？"

③过渡性问题是为了转换话题的过渡提问。比如"你的工作量这么大，经常加班吧？""那还有时间照顾孩子的学习吗？"

④检验性问题是为了检验被访问者前面的回答是否真实、可靠。比如"你把大部分课余时间都用到了学习上，就无暇玩网络游戏了，是吧？"

（5）引导与追询。访谈过程中不仅要提问，还需要引导和追询。

引导不是提出新问题，而是帮助被访问者正确理解和正确回答已经提出的问题。当访问遇到障碍不能顺利进行下去或偏离了原定计划的时候，就要及时地引导。引导是访谈中不可缺少的环节或手段。

追询不是提问和引导，也不是排除回答中的障碍，而是为了使被访问者能真实、具体、准确、完整地回答问题。当被访问者回答问题含混不清、模棱两可、过于笼统、很不准确的时候就要适当地追询。追询也是调查访谈中必要的环节或手段。

（6）访谈结束阶段是整个访问的最后一个环节，不能忽视。访谈时间应根据调查的内容和项目合理设置时间，切忌拖沓繁琐，力争用最少的时间圆满地结束访问。访谈结束要做三件事：一是迅速检查一遍访谈提纲，避免重要项目的遗漏；二是要征求被访者的意见，了解他们还有什么想法；三是要向被访问者说明"今后可能再来麻烦您，请您支持"并对被访者表示感谢，这是为以后的调查作好铺垫。

调查中必须讲文明，有礼貌，用语准确、明了、恰当。不能以审讯或命令的口吻提问，不能随便打断对方的讲话或对其回答流露出鄙视、不耐烦的态度。在访问过程中要始终保持良好、和谐的气氛，以确保访问的成功。

2. 直接观察法

直接观察法是调查者到现场直接对被调查单位进行观察、计量、记录以获取资料的调查方法，例如对超市袋装食品额定重量的检测，对库存物质的清查，对中学生身高、体重的调查等。直接观察法的运用技巧体现在记录技术上，主要有卡片、符号、速记、记忆和仪器五种。

3. 报告法

报告法又称报表法，是根据原始记录和核算资料，按照统计实施部门发布的统一表格，按一定的呈报程序和时间提供统计资料的方法。

问卷法将在任务四中进行详细介绍。

二、次级资料的搜集方法

次级资料的搜集也称为文案调查，是指利用已经公开发表或出版的资料以及企业内部和

外部、过去和现在经过汇总、整理的各种情报资料，对其内容进行分析研究的一种调查方法。

三、调查资料的检查与质量控制

对于搜集得来的调查资料必须要检查无误后方可进入资料整理阶段。资料检查包括对资料的准确性、完整性、及时性的检查，并以准确性检查为主。准确性检查是指对调查资料与调查对象实际情况之间误差的检查。为此，首先要了解产生误差的种类、起因。

1．统计调查误差的种类

统计调查误差的种类有登记误差、代表性误差两类，具体的分类如下：

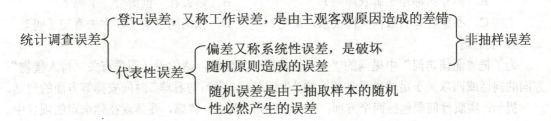

2．调查资料的质量检查

（1）准确性检查，方法有以下两种。

1）逻辑检查。检查调查资料的内容是否合理，项目之间有无矛盾，相关资料的对照，数据的平衡关系，已暴露逻辑上的错误。比如"年龄：8 岁；文化程度：大学毕业；职业：学生；职务：董事长"存在明显逻辑错误。

2）计算检查。检查调查表或报表中各项数字在指标口径、计算方法和计算结果上有无差错，计量单位是否符合规定等。比如年销售额小于月销售额、用市斤取代公斤、合计不等于分栏之和等差错。

（2）完整性检查，即检查所有调查指标和项目是否填写齐全，有无遗漏。

（3）及时性检查，即检查是否按规定的项目、时间和份数上报。

3．统计调查资料的质量控制

根据统计调查误差产生的原因，为确保统计调查质量，可以有针对地从控制非抽样误差方法和控制随机误差两方面入手。

（1）控制非抽样误差方法需要科学设计调查方案，重视对调查员的挑选、管理和培训，提高抽样调查队伍的整体素质，做好调查资料的汇总工作，防止汇总误差等。

（2）控制随机误差的方法将在项目六中进行叙述。

课堂训练

一、训练要求

由 2～4 人的小组合作学习完成，也可独立完成。

二、训练内容

1．填空题

（1）原始资料的搜集方法主要有_____、_____、_____和_____。

（2）访谈提问的问题分为_____和_____两大类。

2．单项选择题

（1）以下项目属于观念方面问题的是（　　）。

　　A．你是湖北人吗？　　　　　　　　　B．你看巴西与智利的足球比赛了吗？

　　C．你赞成"禁止在公共场所吸烟"吗？　D．期末统计知识你考了多少分？

（2）以下属于试探性问题的是（　　）。

　　A．你穿的都是名牌衣服吗？　　　　　B．你去看"世博会"了吗？

　　C．不穿名牌衣服也照样快乐，是吧？　D．张扬同学病了，你去看望了吗？

3．实训题

为了把"面谈访问"中提问的"实质性问题"具体化，请你设计四项有关"待人接物"方面的问话或四项关于足球世界杯期间的"生活起居、学习与看球"时间安排等方面的问话。

提示：实质性问题包括四个方面：事实、行为、观念、情感，要体现在你选定的项目中。

假如，你选择了"待人接物"问题，就要从以上四个方面去设计关于"待人接物"方面的问话。比如，对于家人、老师批评你的毛病缺点的事，你是怎样认识的（属于观念问题）？遇到需要你帮助的人或事你将怎么办（属于情感问题）？当与年长的人交谈时，是称呼"你"还是"您"（属于事实问题）？当你去购物时，看到很多人都在排队，你插队了吗（属于行为问题）？

三、训练评价

根据课堂训练的内容和评分标准，将各项得分填入表2-5中。

表2-5　掌握搜集统计调查资料的具体方法与技巧实训评价表

各题分值及评分标准	自评分/分	小组评分/分	教师评分/分
填空题（每空2分，共12分）			
单选题（每题4分，共8分）			
实训题："实质性问题"具体化，设计四个问题（每个问题20分，共80分）			
实际得分/分			

注：实际得分＝自评分×30%＋小组评分×30%＋教师评分×40%。

任务四　初步掌握调查问卷的设计

任务要求

1．了解问卷调查的基本知识和种类

2．理解问卷的结构内容以及回收问卷的审核

3．初步掌握调查问卷的设计

知识储备

> 我们走在街上，经常会遇到有人拿着一张表格，有礼貌跟你打招呼，并向你询问一些问题，根据你的回答在表上用一些简单的符号和文字进行记录。
>
> 他们在做什么呢？

问卷调查法即问卷法，是指资料搜集者运用统一设计的问卷向被调查者了解情况、征询意见的资料搜集方法。问卷调查实质上是访问调查法的延伸和发展，是当前社会上常用一种搜集统计资料的方法。

一、问卷调查的种类与特点

1. 问卷的种类

问卷形式与种类多样。按传递方式可分为发放问卷、访问问卷、报刊问卷和邮政问卷；按填写者不同分为自填问卷和代填问卷。

2. 问卷调查的特点

（1）标准化、精确度高。这是指它将调查任务规定的所有调查问题全部用提问的方式在问卷中列出，又给出了多种可能的现成答案，供被调查者选择。所以，这种调查方式很容易被人接受。又由于答案的统一化、标准化，提高了调查结果的精确度。

（2）数据的处理分析更方便。由于调查内容的统一化、标准化，便于手工或计算机对调查资料进行汇总、整理；对于封闭型回答方式的调查资料也便于定量分析和研究。

（3）时效性强，调查效率高。由于问卷中将调查目的、内容都作了说明交代，无需调查者去宣讲，从而提高了调查工作的效率。

二、问卷的结构

问卷主要由三部分构成，如图 2-4 所示。

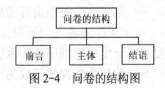

图 2-4　问卷的结构图

1. 前言

前言一般放在问卷的开头，也可以单独成为问卷的一封附信。前言的具体内容一般可包括调查的目的、意义，对被调查者的希望和要求，问卷调查的匿名性和保密原则，回复问卷的时间、方式，主办调查的单位、组织和个人的身份。前言的语气要谦虚、诚恳，文字要简洁、准确，可读性强。

2. 主体

问卷的主体包括调查的问题、回答的方式、对回答的指导和说明等内容。它是问卷的主要组成部分。

（1）调查的问题依然可分为实质性问题与功能性问题。实质性问题可分为事实、行为、观念、情感四个方面。功能问题中无需涉及"接触性问题"。在试探性问题与过渡性问题中就要把相关联的问题用假定性或过渡性的文字将其包含到一个问题里提出，比如调查当地人最喜欢的早餐食物品种。在访谈时，可问："你吃过早餐了吗？"答："吃过了。"又问："吃的什么？"答："热干面。"在问卷中就可以改成："你早餐吃热干面了吗？"又如，调查学生对待学习与劳动的态度，就可以提出"当你学习很紧张的时候，还能做点家务劳动吗？"这样就很自然地从学习引向了劳动态度的问题。

（2）对于被调查者而言，问卷就是一份答卷。因此，回答问题的方式、对回答的指导和说明是问卷主体不可缺少的内容。问题回答方式的基本类型有开放型回答和封闭性回答两类。

1）开放型回答是指对问题的回答不提供任何具体的答案，而由被调查者自由填写。

A．你对职业技术教育有何看法？

答：_____

B．你对治理本市的交通拥堵有什么妙招？

答：_____

2）封闭型回答是指把问题的可能答案或几种主要可能答案全部列出，然后由被调查者从中选取一种或几种答案作为自己的回答。封闭型回答有以下五种方式：

① 两项式：只有两种答案的回答方式。适用于互相排斥的两选一式定类问题。

A．您的性别？（请在合适的（　　　）里打"√"）

男（　　　）　　　　　　　女（　　　）

B．您会用电脑办公吗？（请在适当的格子里打"√"）

会□　　　　　　　不会□

② 多项选择式：列出多种答案，由被调查者自由选择的回答方式。适用于有几种互不排斥的定类问题，例如：

您认为本市市民有哪些不文明行为？（请在您选择的项目后画"△"，不限项数）

公共场合大声说笑_____　　　　遛宠物随地排便_____

在公共汽车里吃东西_____　　　随地吐痰_____

乘坐公交时不给有需要的人士让座_____　　不排队或随便插队_____

③ 顺序填答式：列出多种答案，由被调查者填写答案的先后顺序的回答方式。适用于要表示一定先后顺序或轻重缓急的定序问题，例如：

你认为怎样才能成为一个自食其力的人？（请按你认为的重要程度给下列选项编号，填写到选项右边的格子里，最重要的填写1，依次选三个项目，最不重要的填写3。）

在家靠父母，出门靠朋友□　　　　　我身体倍儿棒，有力气□

好好学习，学得真本事　□　　　　　我还没考虑这个问题呢□

买彩票中大奖，不劳而获□　　　　　只要好好学习就行了　□

④ 等级填答式：列出不同等级的答案，由被调查者选择填答的回答方式。适用于要表示意见、态度、感情的等级或强烈程度的定序问题。

您对学校食堂的饭菜质量、服务态度满意吗？（请按您的感受在下列□内打"√"）

A．很满意□　　　B．比较满意□　　　C．无所谓□

D．不满意□　　　E．很不满意□　　　F．不知道□

⑤ 矩阵式：将同类的几组答案排列成一个矩阵，由被调查者对比着回答的方式，适用于同类问题的一组定序问题。

您希望自己的生活在哪些方面得到改善？（请在适当的方格内打"√"）

	非常迫切	比较迫切	不迫切	不需要改善	无所谓
A 吃的方面	□	□	□	□	□
B 穿的方面	□	□	□	□	□
C 用的方面	□	□	□	□	□
D 住的方面	□	□	□	□	□
E 行的方面	□	□	□	□	□
F 娱乐方面	□	□	□	□	□

3．结语

结语即简短地对被调查者的合作表示真诚地感谢，也可以征求一下被调查者对问卷设计或问卷调查本身的看法和感受。问卷结语力求简短，有的问卷也可不要结语。

调查问卷实例

关于劳动话题的问卷

亲爱的同学：

　　你好！

　　当你坐在舒适、明亮的教室里安心学习的时候，同时还有千千万万的人们正在不同的岗位上辛勤地劳动着。比如，有人在稻田里插秧，有人在建设着高楼大厦，有人在公司里忙碌地开发新项目等。在此，我们想通过以下问卷，了解你对待劳动的理解与看法。希望得到你的支持，谢谢！

⊃ 请注意

　　每题必答，请按照题目的不同要求选择答案，希望你的回答都是你真实的心声。

　　为了对回答做一定的分类，首先，请你如实填写以下的个人信息（在选项右边的□中打"√"）：

　　你的性别：男□　　女□；你学习的专业：财经□　　电子商务□　烹饪□

　　你的年龄：15 岁以下□ 16 ～ 17 岁□ 18 岁以上□；你家在：城市□　农村□

　　1．对劳动的理解（单项选择式，在选定项目的右边框里打"√"）

　　（1）你认为劳动光荣吗？

　　　　光荣□　　　　　　　　　　　　　　　无所谓光不光荣□

　　　　不知道□　　　　　　　　　　　　　　不光荣□

　　（2）人类为什么要劳动？

　　　　为社会创造财富□　　　　　　　　　　为了生存□

为了养家糊口□   不知道□

（3）你现在喜欢的劳动是？

　　家务劳动□   教室清洁□

　　需要我做的劳动都喜欢□   不喜欢劳动□

（4）你将来想做什么工作？

　　白领□   有一技之长□   舒服清闲□   不想工作□

2．为了你的理想你将做些什么？（顺序填答式，任选三项，最重要的选项填写1，依次填写2、3）

　　好好学习，学以致用□ 做一个有理想有抱负的人□   希望继承更多遗产□

　　炒股赚钱□   开什么店都赚钱，赚什么钱都轻闲□ 买彩票中大奖□

　　自食其力□   广交朋友，相互帮助□   吃低保□

　　走一步，看一步□   现在还没有想好□   不知道□

3．针对自己的现状，下一步对自己有哪些要求？（多项选择式，至少要选一项，多选不限，在选项右边框中打"√"）

（1）道德、观念方面：

　　关心集体，关心他人□   保持现状，没有要求□

　　孝顺父母，尊敬老师□   爱国、爱家、爱集体□

　　懂礼貌，知廉耻□   尊重他人劳动□

　　提高独立生活能力□   做一个文明的人□

　　爱清洁，讲卫生□

（2）行为方面：

　　主动参加公益劳动□   认真做好教室清洁值日□

　　不再饭来张口、衣来伸手□   自己的衣物自己洗□

　　体谅父母的辛苦，多做家务事□   少玩网络游戏□

　　认真上好每节课□   独立完成家庭作业□

　　我对自己还没有要求□

我们将于2010年10月20日回收本问卷，希望得到你的支持，谢谢合作！

　　　　　　　　　　　　　　　　　　　　××学校学生会社会问题调查小组

　　　　　　　　　　　　　　　　　　　　　　　　　　　2010.10.15

课堂训练

一、训练要求

由2～4人的小组合作学习完成，也可独立完成。

二、训练内容

1．单项选择题

（1）问卷的结构包括（　　）。

　　A．前言、结语

  B．事实性问题、功能性问题、观念性问题

  C．前言、主体、结语

  D．实质性问题、功能性问题

（2）问卷的回答方式有（ ）两种。

  A．封闭型、开放型

  B．开放型、两项式

  C．封闭型、矩阵型

  D．多项式、两项式

2．试设计一个"等级填答式"的问题。

3．以下问题的设计合理吗？若你认为不合理，你会怎样设计？若你认为合理，请说出理由。

  你喜欢哪种运动？（在你喜欢的选项括弧内打"√"）

  体操（ ）   足球（ ）

4．依据你在"任务二"实训中设计的统计调查方案为基础，编写一份相同内容的调查问卷。要求：

（1）只设计前言和主体，主体中设计四个问题及其回答，不需设计结尾。

（2）问题是指统计调查方案中已有的项目。

三、训练评价

根据课堂训练的内容和评分标准，将各项得分填入表 2-6 中。

表 2-6　实训评价表

各题分值及评分标准	自评分 / 分	小组评分 / 分	教师评分 / 分
单项选择题（每题 5 分，共 10 分）			
设计"等级填答式"问题（10 分）			
问题设计： 认为合理并说出合理的理由（10 分） 认为不合理并重新设计（20 分）			
问卷设计： 前言、主体中的四个问题及回答（各 10 分，共 50 分）			
实际得分 / 分			

注：实际得分 = 自评分 ×30%+ 小组评分 ×30%+ 教师评分 ×40%。

 知识拓展

1．典型调查

典型调查是根据调查目的和任务，在对所研究对象总体进行初步分析的基础上，有意识地选取若干具有代表性的单位进行调查和研究，借以认识事物发展变化的规律。典型调查属

于一次性的非全面调查。

2．时期现象与时点现象

时期现象是指总体数量指标在不同时间上的数值可以直接相加的现象，比如产量、粮食产量、产值、税金等。

时点现象是指总体数量指标在不同时间上的数值不可以直接相加的现象，比如人数、学校数、土地面积等。

3．问卷调查的一般程序

问卷调查的一般程序是设计调查问卷、选择调查对象、分发问卷、回收问卷、检查问卷、对问卷的整理与分析。

（1）设计调查问卷的有关知识已在任务四中进行了阐述，此处不再赘述。

（2）选择调查对象。选定调查对象以后就需要确定研究对象的数量，即拟通过多少份回收的有效问卷，去研究所调查的问题。因为发出去的问卷不一定能全部收回，也不一定都是符合要求的有效问卷。所以，还要设定"回复率"和"有效率"，然后再计算调查单位的数量，即应当发出的问卷数量。有关计算公式如下：

$$调查单位的数量（发出的问卷数量）=\frac{研究对象的数量}{回复率×有效率}$$

$$回复率=\frac{回收问卷数量}{发出问卷数量}×100\%$$

$$有效率=\frac{回收符合要求的问卷数量}{回收问卷数量}×100\%$$

研究对象是期望回收的有效问卷数量。

例如，假定研究对象（期望回收的有效问卷）为 100 份，回复率 50%，有效率 80%，那么发出问卷的数量：

$$调查单位的数量=\frac{100}{50\%×80\%}=250（份）$$

即需要发出 250 份问卷。

回复率、有效率可以根据历史资料或经验确定，也可通过小型问卷调查实验确定。

（3）分发问卷有多种方式：随报刊投递、邮局寄递、由有关机构代发、派人登门发放。

（4）回收问卷是问卷调查的一个重要环节。可以根据实际情况在指定的时间和期限内，确定好问卷的回收方式，比如派专人前往被调查对象处回收、通过邮局寄回等。有时还需要适时提醒和催收，以提高回收率。

（5）检查问卷是确保调查质量不可或缺的环节。检查的要求以及内容见任务三。

（6）对问卷的整理与分析。运用统计整理方法、统计分析等手段对调查结果进行分析研究，得出结论。

 **项目总结**

　　调查方案包含六个内容。调查单位与报告单位两者是要根据调查对象的特点和要求确定的,两者有时是一致的,有时是不一致的。要正确区分调查时间与调查期限。

　　搜集原始资料中的访问法是本项目的重点内容之一,特别是访问技巧是必须要掌握的知识。只有理解和掌握了这些方法、技巧,才能确保顺利、圆满地完成访问任务。

　　问卷调查法是统计基础知识的新内容。问卷调查的特点决定了它在社会调查工作方法中的重要地位。当今,问卷调查法被广泛地应用在各种社会生活领域中。问卷中问题的设计,沿用了访问法的实质性问题和功能性问题。需要注意的是,功能性问题中的接触性问题在问卷中并不需要;而试探性和过渡性问题的设计,需要把问题表述得更直接、更简明。

项目三 数据资料的整理

项目导航

学习目标
- 理解统计分组的原则和方法
- 学会运用 Excel 汇总数据
- 掌握分布数列的编制方法
- 熟练运用 Excel 编制分布数列

具体任务

任务一 学会数据分组与数据汇总

任务二 掌握分布数列的编制

任务一 学会数据分组与汇总

任务要求

1. 了解统计数据整理的内容
2. 知悉数据分组的概念与作用
3. 掌握数据分组的原则和方法，能区别数据分组的类型
4. 理解数据汇总的意义，区别手工汇总的几种操作方法
5. 能运用 Excel 对分组结果的数据进行汇总

知识储备

观察资料：某班学生资料及考试成绩一览表（见表1-11）。

我们发现，对调查收集上来的反映每个学生个体情况的数据资料是分散的、零乱的、无序的，只能说明总体各单位（每个学生）的具体情况，而不能说明总体（全班）的特征。要了解全班学生（即总体）的情况，还必须对调查上来的资料作进一步的分类、汇总、计算等一系列的加工处理。这就是通常所说的数据资料的整理。

统计数据整理是统计工作的一个重要环节。它是根据统计研究的任务与要求，对调查所取得的各种原始资料进行审核、分组、汇总，使之系统化、条理化，从而得到反映总体特征的综合资料的过程。统计整理还包括系统地积累资料和为研究特定问题对次级资料的再加工等。这里主要介绍对原始资料的整理。

一个完整的统计数据整理工作通常包括以下内容：设计方案；数据审核；数据分组；数据汇总；编制统计表，绘制统计图。

以上五个内容中，设计方案和数据审核是统计数据整理的前提，数据分组是统计数据整理的关键，数据汇总是统计数据整理的中心，统计表、统计图是统计数据整理的成果显示。

一、数据分组的概念和作用

将表 1-11 资料中的学生成绩按总分由低到高排序（用 Excel 排序的方法见本项目"知识拓展"的有关内容）。若规定 340 分以上为优秀，300～340 分为良好，300 以下为中等，则将全体学生按优秀、良好、中等进行分类，可得出表 3-1 的结果。

表 3-1　20 名学生期末考试成绩分组表

成 绩 分 组	人数 / 人	比重（%）
优秀	6	30
良好	12	60
中等	2	10
合　计	20	100

这里，就是将 20 名学生按成绩这个标志所进行的分组结果。想一想，对这个结果，我们能观察到什么情况呢？

1. 数据分组的概念

数据分组也称统计分组，就是根据统计研究的需要，按照选定的标志把总体分成若干个部分的科学分类。理解统计分组的概念要注意三点：

（1）统计分组的对象是总体。

（2）统计分组应有分组标志。

（3）统计分组对总体而言是"分"，对总体单位而言是"合"。

分组标志是将统计总体区分为性质不同的组的标准和依据。"分"即把总体内部具有相对性质差异的部分区分开来；"合"即总体中同类单位的集合。统计分组遵循"相同者合并，不同者分开"的原则，将性质相同的单位划分在同一组内，而不同性质的划分在不同组，组与组之间的性质是不同的。

例如，2009 年我国旅客运输量完成情况以各种运输方式分组后的资料，见表 3-2。

表 3-2　2009 年我国各种运输方式旅客运输量

运 输 方 式	人次 / 亿人	比重（%）
铁路	15.2	5.1
公路	278.0	93.4
水运	2.2	0.7
民航	2.3	0.8
旅客运输总量	297.7	100.0

　　数据分组的基本目的是将随机无序的原始数据按照统计研究的要求进行归类，以使现象变得简单明了、层次清晰。通过数据分组可以将反映总体单位特征的资料处理成反映总体特征的资料，将个体特征资料处理为整体特征资料。

　　2．统计分组的作用

　　统计分组的作用是把总体分成了若干类别，表明总体内部结构，揭示变量之间的依存关系。

二、统计分组的方法

　　统计分组的关键是选择分组标志与划分各组界限。

　　选择分组标志是确定将统计总体区分为各个性质不同的组的标准。划分各组界限是根据分组标志划定相邻组间的性质界限或数量界限。

　　1．选择分组标志的原则

　　（1）应根据研究目的和任务选择分组标志。同一研究总体，研究的目的不同，可选用的分组标志也不同。比如以某企业的工人为总体，如果研究目的是为分析工人的文化素质，就应选择工人的文化程度或技术水平等级为标志；如果要分析工人的劳动力素质，就应以工人的年龄等作为分组标志。

　　（2）要选择能反映事物本质或主要特征的标志。

　　（3）要根据现象所处的历史条件及经济条件来选择分组标志。

　　2．分组基本类型及特点

　　根据统计研究的目的、任务以及统计研究对象的特点不同，统计分组的方法也不同。统计分组的基本类型，见表 3-3。

表 3-3　统计分组的基本类型

分组类型依据	分 组 标 志	分 组 类 别	特　　点	举　　例
按标志性质不同	品质标志	品质分组	组数、组限一般都非常明显	
	数量标志	变量分组	组数、组限划分复杂	
按分组标志的多少不同	一个标志	简单分组	分组简洁，清晰明了	
	两个或两个以上标志	复合分组	将若干标志层叠起来分组，层次多、分组细	

试一试

观察表 3-1～表 3-7，按它们所属的分组类型正确进行归类，并将表号填写在表 3-3 的举例栏中。

表 3-4 20 名学生期末考试成绩分组表

成绩 / 分	人数 / 人	比重（%）
300 以下	2	10
300～340	12	60
340 以上	6	30
合　计	20	100

表 3-5 20 名学生按年龄分组

年龄 / 岁	人数 / 人	比重（%）
17	8	40
18	9	45
19	3	15
合　计	20	100

表 3-6 2009 年货物进出口总额及其增长速度

指　标	绝对数 / 亿美元	比上年增长（%）
货物进出口总额	22 072	−13.9
货物出口额	12 017	−16.0
其中：一般贸易	5 298	−20.1
加工贸易	6 719	−13.1
货物进口额	10 055	−11.2
其中：一般贸易	5 339	−6.7
加工贸易	4 716	−14.8

表 3-7 某地区工业企业按所有制和固定资产原值的复合分组
（××××年底）

按所有制分组 （甲）	按固定资产原值分组 / 万元 （乙）	企业数 / 个 （1）	职工人数 / 人 （2）	总资产 / 万元 （3）	人均产值 / 万元 （4）=（3）÷（2）
全民所有制企业	200 以下				
	200～350				
	350～500				
	小　计				
集体所有制企业	200 以下				
	200～350				
	350～500				
	小　计				
总　计					

三、数据汇总

在对数据进行分组的基础上，将各总体单位按类入组，就要汇总各组的总体单位个数，这就是数据汇总。汇总的结果称为各组总体单位数（也称次数），各组次数之和即为总体单位总数；如果进一步将各组总体单位的标志值加以汇总，则称为各组标志总量，再将各组标志

总量汇总即为总体标志总量。例如在表 3-8 中，将每人按分数归类，汇总各组人数（次数）分别为 2 人、12 人、6 人，总人数为 20 人。这里的总人数 20 人称为总体单位总量。进一步汇总各组每人的分数，得到各组总分分别为 593 分、3 857 分、2 081 分和全班总分数 6 531 分，这里的全班总分 6 531 分为总体标志总量。

表 3-8　20 名学生期末考试成绩分组表

按成绩分组 / 分	人数 / 人	总分数 / 分
300 以下	2	593
300 ~ 340	12	3 857
340 以上	6	2 081
合　计	20	6 531

　　数据汇总也称统计汇总，是指在统计分组的基础上，将各总体单位按类入组后，计算出各组及总体的单位数和标志值之和，最终得到总体指标的工作过程。统计的直接目的就是要得到指标，没有汇总就没有指标。因此，汇总是统计整理的主要内容，在此基础上才能进行各种统计分析。

　　数据汇总按具体操作方法不同，可分为手工汇总和计算机汇总两类。这两种方法都是在统计工作的实践活动中经常使用的操作方法。

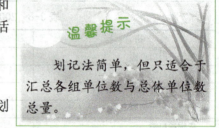

温馨提示

划记法简单，但只适合于汇总各组单位数与总体单位数总量。

1．手工汇总

　　手工汇总就是不凭借计算机的人工汇总，一般有划记法、过录法、折叠法和卡片法。

　　（1）划记法是采用一定的符号形式，在预先设计好的汇总表上划记，用以汇总各组单位数与总体单位数总量。常用的符号形式如"正"等。

　　表 3-9 就是以表 1-11 为原始数据资料，按照表 3-8 的分组要求进行划"正"登记，最后将每组人数统计出来的。具体做法是根据同限分组法的规定来逐个判断每个数据应归在哪一组，便在该组名下划一笔，一个"正"五笔，一笔表示一个单位，划"正"登记结束后，依各组内记号数目，小计出每组人数，最后合计出总体单位总数。

表 3-9　划"正"登记表

按总分分组（不含上限）	划　正　登　记	人 数 小 计
300 以下	丁	2
300-340	正正丁	12
340 以上	正一	6
合　　计	正正正正	20

　　汇总结果表见表 3-4。

　　（2）过录法与划记法的不同之处在于它将划记号改为抄录数值。因而，这种方法不仅可以满足计算各组及总体单位数的需要，而且可以满足计算各组及总体标志值总和的需要，在发现分配计算有错误时也便于核对、调整，无需全部返工。具体做法是仍以表 1-11 学生期末考试总分为原始数据资料，按照表 3-8 的分组要求，并运用整理表按划记法汇总出各组单位数（次数）与总体单位总数（总人数），用过录法汇总各组标志值与总体标志值（总分数）。表 3-10 为过渡整理表，表 3-8 则为整理结果表。

表 3-10　过渡整理表

按成绩分组（不含上限）	人数 / 人		总分数 / 分	
	划　记	小　计	过　录	小　计
300 以下	下	2	296　297	593
300～340	正正下	12	338 337 326 323 312 332 316 314 323 322 305 309	3 857
340 以上	正一	6	355 353 341 346 343 343	2 081
合　　计	正正正正	20	—	6 531

2. 计算机汇总

目前采用计算机汇总已十分普及，并已成为汇总的主要手段。它将人们从繁重的手工汇总中解放出来。只要将原始数据输入计算机，汇总数据便会按照操作者的命令自动汇总出来，而且速度快、计算准、功能强。在计算机中汇总出来的数据作为电子文本存放在存储器中，打印、保存、修改、显示、携带、传送都非常方便。现仅将手工汇总中的各组标志值的分类汇总用 Excel 操作方法进行介绍，以供与手工汇总过录法比较，体会计算机技术给我们带来的便利。

现仍以表 1-11 为原始数据资料，按照表 3-8 的分组要求运用 Excel 的函数公式汇总标志值总量。具体操作步骤如下：

（1）将整个表格区域（A2:H22）选中，对所有学生按"期末总分"排序（升序），如图 3-1 中 H 列所示。

（2）在图 3-1 中增加 I 列，列标题为"分组标记"，利用 IF 函数确定各分组标记。先选中 I3 单元格，输入公式"=IF（H3<300，"300 以下"，IF（H3<340，"300～340"，IF（H3>=340，"340 以上"）））"，按"Enter"键，然后拖动鼠标填充柄至单元格 I22，如图 3-2 所示。这样，同一组内的数据就能集中在一起。

图 3-1　输入 IF 函数公式

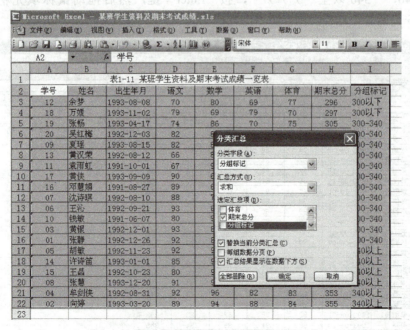

图 3-2 利用 IF 函数确定各组分组标记的结果

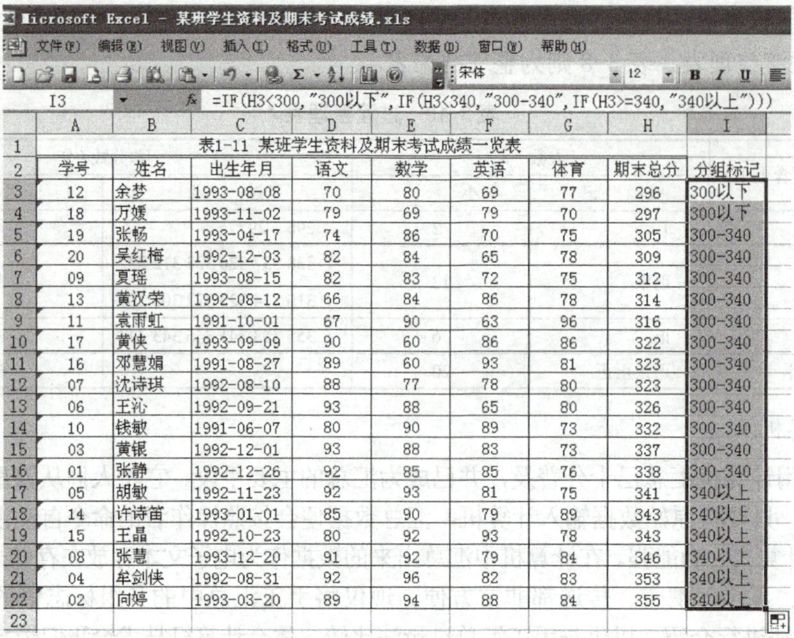

（3）选中整个区域 A2:I22，单击"数据"菜单栏后选择"分类汇总"，出现"分类汇总"对话框，如图 3-3 所示。在"分类字段"下拉框中选"分组标记"，在"汇总方式"中选"求和"，在"选定汇总选项"中勾选"期末总分"，在最下面的三个选项中勾选"替换当前分类汇总"和"汇总结果显示在数据下方"，然后单击"确定"按钮，分类汇总结果便自动生成如图 3-4 所示。

图 3-3 "分类汇总"对话框

	A	B	C	D	E	F	G	H	I	J
1	表1-11 某班学生资料及期末考试成绩一览表									
2	学号	姓名	出生年月	语文	数学	英语	体育	期末总分	分组标记	
3	12	余梦	1993-08-08	70	80	69	77	296	300以下	
4	18	万媛	1993-11-02	79	69	79	70	297	300以下	
5								593	300以下	汇总
6	19	张畅	1993-04-17	74	86	70	75	305	300-340	
7	20	吴红梅	1992-12-03	82	84	65	78	309	300-340	
8	09	夏瑶	1993-08-15	82	83	72	75	312	300-340	
9	13	黄汉荣	1992-08-12	66	84	86	78	314	300-340	
10	11	袁雨虹	1991-10-01	67	90	63	96	316	300-340	
11	17	黄侠	1993-09-09	90	60	86	86	322	300-340	
12	16	邓慧娟	1991-08-27	89	60	93	81	323	300-340	
13	07	沈诗琪	1992-08-10	88	77	78	80	323	300-340	
14	06	王沁	1992-09-21	93	88	65	80	326	300-340	
15	10	钱敏	1991-06-07	80	90	89	73	332	300-340	
16	03	黄银	1992-12-01	93	88	83	73	337	300-340	
17	01	张静	1992-12-26	92	85	85	76	338	300-340	
18								3857	300-340	汇总
19	05	胡敏	1992-11-23	92	93	81	75	341	340以上	
20	14	许诗笛	1993-01-01	85	90	79	89	343	340以上	
21	15	王晶	1992-10-23	80	92	93	78	343	340以上	
22	08	张慧	1993-12-20	91	92	79	84	346	340以上	
23	04	牟剑侠	1992-08-31	92	96	82	83	353	340以上	
24	02	向婷	1993-03-20	89	94	88	84	355	340以上	
25								2081	340以上	汇总
26								6531	总计	
27										

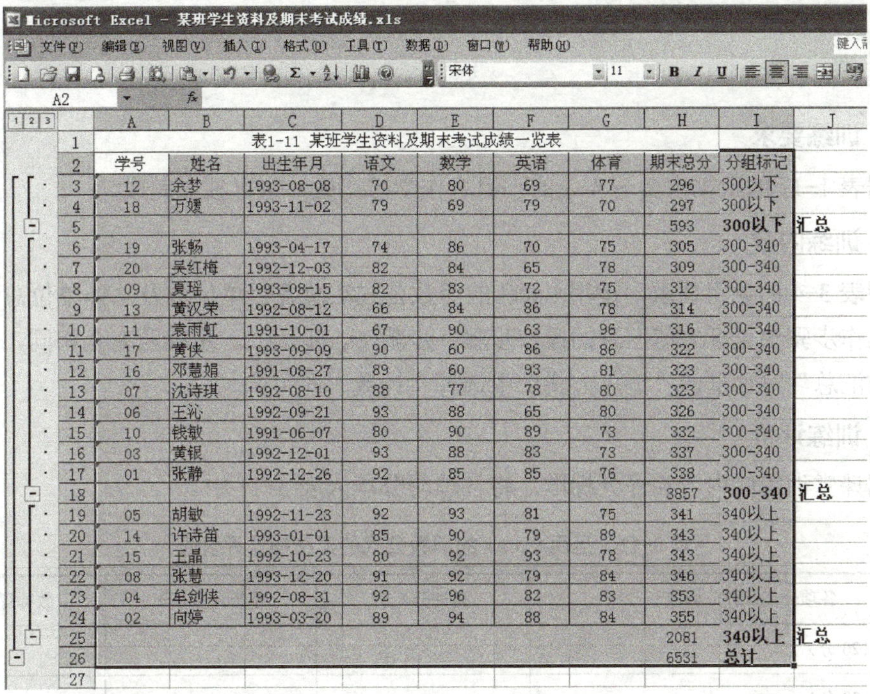

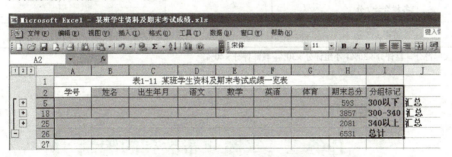

图 3-4　分类汇总自动生成结果

（4）如果只想显示汇总结果，单击表格左上角“层次 2”，这时表格只显示分类汇总结果数据，其他数据隐藏如图 3-5 所示。

	A	B	C	D	E	F	G	H	I	J
1	表1-11 某班学生资料及期末考试成绩一览表									
2	学号	姓名	出生年月	语文	数学	英语	体育	期末总分	分组标记	
5								593	300以下	汇总
18								3857	300-340	汇总
25								2081	340以上	汇总
26								6531	总计	
27										

图 3-5　只显示分类汇总结果数据

试一试

运用上述方法，你能将各组的语文、数学、英语、体育分数都汇总出来吗？在操作步骤上只需在哪些环节进行小小的变化？

汇总的方法、途径有很多，限于篇幅在此仅以最快捷、最易于同学操作、熟练掌握的方法作介绍，其他分组、汇总等方法可在以后的学习中逐步完善。

温馨提示

要按科目进行分类汇总，只需在“分类汇总”对话框的“选定汇总项目”里勾选“语文”、“数学”、“英语”、“体育”就可以了。

课堂训练

一、训练要求

根据表 1-11 的数据由 2 ～ 4 人的小组合作学习完成，也可独立完成。

二、训练内容

按照表 3-4 的分组要求，运用 Excel 的函数公式汇总各组单位数及总体单位总数（操作提示：操作步骤参见标志值汇总的操作步骤。步骤一、步骤二、步骤四完全相同，仅在步骤三"分类汇总"对话框的"汇总方式"中选择"计数"即可）。

三、训练评价

根据课堂训练的内容和评分标准，将各项得分填入表 3-11 中。

表 3-11　运用 Excel 的函数公式的汇总操作评价表

各项分值及评分标准	自评分 / 分	小组评分 / 分	教师评分 / 分
步骤一（20 分）			
步骤二（30 分）			
步骤三（30 分）			
步骤四（20 分）			
各栏合计 / 分			
实际得分 / 分			

注：实际得分 = 自评分 ×30%+ 小组评分 ×30%+ 教师评分 ×40%。

任务二　掌握分布数列的编制

任务要求

1. 了解分布数列构成及其种类
2. 掌握分布数列的编制方法
3. 能运用 Excel 编制单项式、组距式分布数列

知识储备

统计数据按选定标志分组后，将总体单位按类入组，汇总各组内的单位数，并按一定顺序排列形成总体各单位在各组间的分布，统计上称为分布数列。

一、分布数列的构成要素和种类

分布数列的实质是把总体的全部单位按某标志所分的组进行分配所形成的数列，故又称分配数列或次数分布。表 3-1、表 3-2、表 3-4、表 3-5 都是分布数列。分布数列是统计整理的成果，它反映了总体的量变状态和量变过程，从量的差别中来揭示总体质的特征。

1．分布数列的构成要素

分布数列至少有两个构成要素：一是分成的各组，另一是各组单位数，如图 3-6 所示。

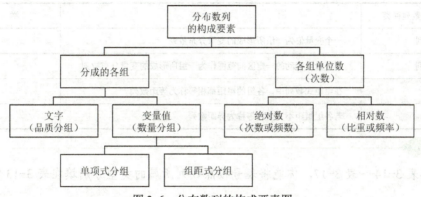

图 3-6　分布数列的构成要素图

在分布数列中，各组拥有的总体单位数称为该组的次数或频数。各组次数也可以以相对数的形式表现，称为频率或比重，是各组次数（或称频数）与总体单位总数的比值，见表 3-12。

表 3-12　2008 年我国按三次产业划分就业人员数（年底数）

按三次产业分组	人数 / 万人	比重（%）
第一产业	30 654	39.6
第二产业	21 109	27.2
第三产业	25 717	33.2
合　计	77 480	100.0

2．分布数列的种类

分布数列的种类是依据分组标志的性质不同来划分的。

（1）品质数列。用品质标志分组所形成的分布数列，叫做品质数列，见表 3-1、表 3-2 和表 3-12。

品质标志分组相对较简单，一般按照分组标志的表现一一列举即可完成分组。如人口按性别分男、女，按民族可分为汉、满、回、藏……企业按所有制分为全民、集体、个体等。这些组在性质、界限上是稳定明确的。在实际工作中，对于比较复杂的分组则采用统一的统计分类标准或目录。

（2）变量数列。用数量标志分组所形成的分布数列，叫做变量分布数列，简称变量数列，见表 3-4 和表 3-5。数量标志分组的情况则较复杂，可以有不同种类的变量分布数列。变量

分布数列的种类见表3-13。

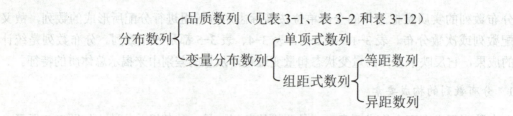

表3-13 变量分布数列的种类

变量分布数列种类	内　容	举　例
单项式数列	一个变量值为一组所形成的变量分布数列	
组距式数列	以变量值变动的一定区间范围作为一组所形成的变量分布数列	
等距数列	在组距式数列中，各组的组距都相等称为等距数列	
异距数列	若各组组距不完全相等称为异距数列	

试一试

观察表3-14～表3-17，你能将表号按照数列所属的类型分别填在表3-13的举例栏中吗？

表3-14 某班学生"统计基础"考试成绩资料1

按考试分数分组 / 分	学生人数 / 人	比重（%）
60 以下	2	5.0
60 ～ 70	5	12.5
70 ～ 80	7	17.5
80 ～ 90	18	45.0
90 以上	8	20.0
合　计	40	100.0

表3-15 某班学生"统计基础"考试成绩资料2

按考试分数分 / 分	学生人数 / 人	比重（%）
60 以下	2	5.0
60 ～ 75	10	25.0
75 ～ 85	13	32.5
85 以上	15	37.5
合　计	40	100.0

表3-16 某城市百货商店的营业额分组资料

按年营业额分组 / 万元	商店个数 / 个
50 以下	1 000
50 ～ 500	1 200
500 ～ 5 000	300
5 000 ～ 500 000	20
合　计	2 520

二、变量分布数列的编制

现对变量分布数列的编制作详细介绍，以说明分布数列的编制的一般方法步骤。

1. 单项式变量分布数列的编制

单项式数列的各组是由一个变量值表示，只要计算出每一个变量值所对应的次数，然后将所有变量值由小到大或由大到小按顺序排列即可。它有表格法和图示法两种表达形式。

例如，有30名工人看管机器台数资料如下（单位：台）：

5，4，2，4，3，4，3，4，4，2，4，3，4，3，2，6，4，4，2，2，3，4，5，3，2，4，3，4，3，5

编制分布数列的一般步骤：

（1）确定分组。确定分组要判定变量的性质。如果属于离散变量，且变量值不多，变动范围不大，则可选择按单项式分组。观察上例资料，"工人看管机器台数"是离散变量，可按一个变量值为一组，顺序排列为2，3，4，5，6。

温馨提示

通常单项数列的组数等于不同变量值的个数。

（2）汇总次数。

1）手工汇总——划记法。按照划记法的操作方法编制单项式数列结果，见表3-17。

表3-17　30名工人看管机器台数资料

工人看管机器台数/台	工人人数/人
2	6
3	8
4	12
5	3
6	1
合　计	30

2）计算机汇总——Excel编制单项式数列操作步骤如下：

第一步输入原始数据（按A列输入）。A1中输入变量名，从A2开始输入数据。

第二步排序。选中A列，单击"数据"菜单→"排序"（升序）→"确定"。

第三步汇总。选中A列，单击"数据"菜单→"分类汇总"，在"汇总方式"中选择"计数"，单击"确定"按钮。

第四步单击左上边数字"2"即可显示单项式数列，如图3-7所示。

（3）形成分布数列——表格法。将上述内容按整理结果要求修饰即可，如图3-8所示。

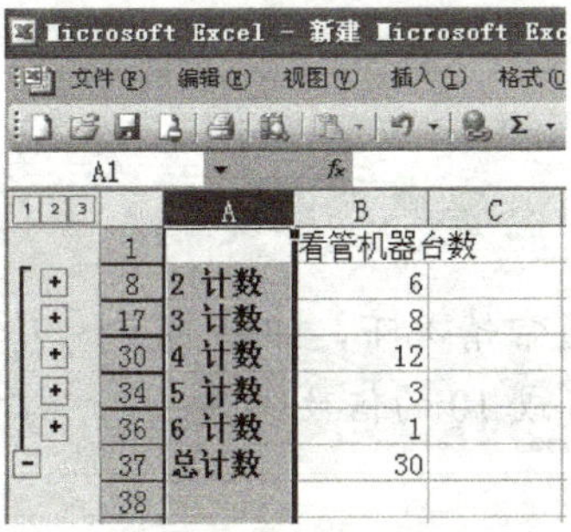

图3-7　Excel编制单项式数列

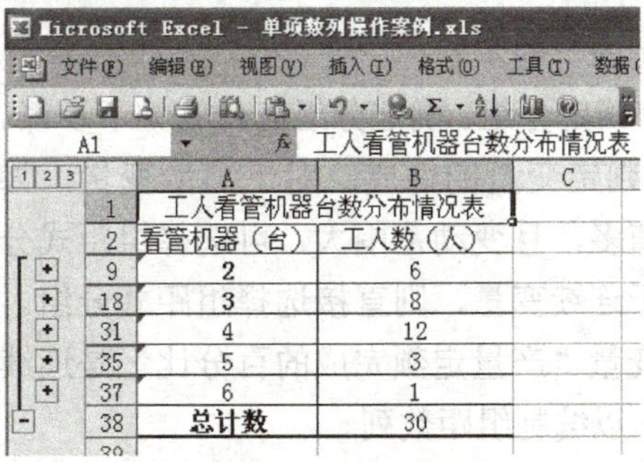

图3-8　Excel表格法显示

（4）形成分布数列——图示法。图示法的操作步骤将在项目四中详细介绍，如图3-9所示。

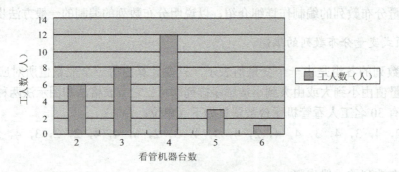

图3-9　30名工人看管机器台数分布情况图

2．组距式变量分布数列的编制

当变量值较多，且变动幅度较大时，如果编制单项式数列，组数必然很多，各组次数过于分散，不能反映总体内部各部分的分布特征，这时就要编制组距数列。

观察以下案例：某企业一车间50名工人生产产量定额完成的百分比资料如下（单位：%）：

97	88	123	115	119	158	112	146	117	108
105	110	107	137	120	136	125	127	142	118
103	87	115	114	117	124	129	138	110	103
87	115	114	124	129	138	100	103	92	95
115	126	107	108	115	127	104	103	100	105

据此来说明组距式变量分布数列的编制方法。

由于组距数列的分组情况较复杂，所以在阐述编制方法前，先要弄清楚关于组距数列的几个基本概念，见表3-18。

表3-18　组距数列的基本概念

项　目	含　义	计　算　公　式
全距	也称极差，是全部变量值中最大值与最小值的差距	全距＝最大变量值－最小变量值
组限	组距数列的分组中，每组的两端变量值。其中，每组的起点值为下限，每组的终点值为上限	无
组距	指每组上限与下限之差	组距＝上限－下限
组数	指变量数列应划分为多少个组	组数＝全距÷组距
组中值	各组的上限与下限之间的中点数值	组中值＝（上限＋下限）÷2

编制的一般步骤：

（1）确定分组。确定分组应分为如下步骤。

1）判定变量的性质。对于离散变量，如果变量值多，且变动范围大，可选择组距式分组；对于连续变量，则直接选择组距式分组。上例中变量"产量定额完成的百分比"是连续变量，所以编制组距数列。

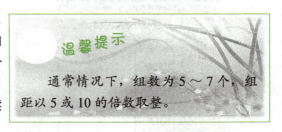

温馨提示

通常情况下，组数为5～7个，组距以5或10的倍数取整。

2）计算全距。计算方法是先将原始数据排序，再求全距。本例中：全距＝158－87＝71。

3）确定组数和组距。组数与组距是相互制约的，二者成反比例变化关系。原则上组数不宜过多，也不能过少，组距的大小应能考虑体现出现象质的变化，同时最好取整数。依据本例特点，确定组距为15，则组数为71÷15=4.7，化整为5。

4）确定组限。组限的确定应考虑遵循三个方面的原则：

首先，质的分界线的标志值必须作为某一个组的组限。如本例中100%就是一个质的分界线。≥100%为完成定额，而<100%则未完成计划。再如表3-14和表3-15对学生按考试成绩分组时，60分就是一个质的分界线的

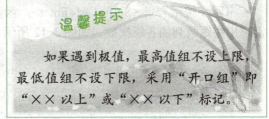

温馨提示

如果遇到极值，最高值组不设上限，最低值组不设下限，采用"开口组"即"××以上"或"××以下"标记。

数据，确定组限时，"60"这个数据就必须作为某一组的组限。

其次要遵循"穷尽"原则。所谓"穷尽"，是指通过分组要使总体的所有单位都有组可属，而不能把任何一个单位排除在各组之外，即确定最低值组的下限要小于最小值，最高值组的上限要大于最大值。本例的最小值为87，则最低值组下限可定为85；本例最大值为158，则最高值组的上限可定为160。

最后要遵循"互斥"原则。所谓"互斥"，是指经过分组，总体的各单位都有组可属且只能属于某一个组，而不能既属于这一组，同时又属于另外一组。对连续变量确定组限时，相邻组的组限必须用同一个数值标记，叫做"同限分组"。为此，与组限相同的变量值应归属在哪一组便要遵循一个统一原则。一般对于越大越好的现象遵循"含下限不含上限"原则，而对于越小越好的现象则遵循"含上限不含下限"原则。

5）确定划分的组别。本例按产量定额完成的百分比（%）的分组确定为85～100、100～115、115～130、130～145、145～160五个组。

（2）归类汇总，计算各组次数。所谓归类汇总，是指依据各个总体单位的具体标志值，将其划归某一具体组之中。在归类汇总时要遵循"不重复、不遗漏"的基本原则。汇总方法如下：

1）手工汇总——划记法。

2）计算机汇总——在Excel中运用频数函数（"FREQUENCY"函数）编制组距式数列操作步骤如下：

第一步按A列输入原始数据并排序。在A1中输入变量名，A2:A51输入数据。

第二步在B1:D6单元格范围编制一张数据处理表格。具体做法是在B列输入变量名及划分的各组别（变量值），然后选中放置操作结果（即各组单位数）的区域C2:C6，如图3-10所示。

图3-10　设计数据整理表

第三步单击"插入"菜单。选择"函数"→"函数类别"→"统计"→"FREQUENCY"，出现"FREQUENCY"函数对话框后，在对话框的 Data_array 中输入原始数据区域"A2:A51"，在 Bins_array 中输入分组标志（数值），要求：①输入略小于每组上限的数值；②两端用"{}"；③数据间用"；"分隔，如图 3-11 所示。

第四步按组合键 <Shift+Ctrl+Enter>，函数将返回频率分布的一组数据，即完成操作，汇总出组距数列的各组次数，如图 3-12 所示。

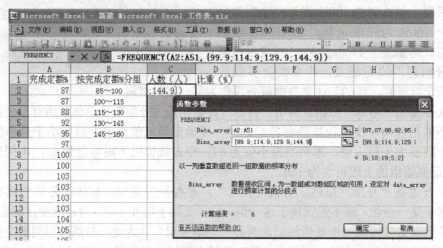

图 3-11 "FREQUENCY"函数对话框

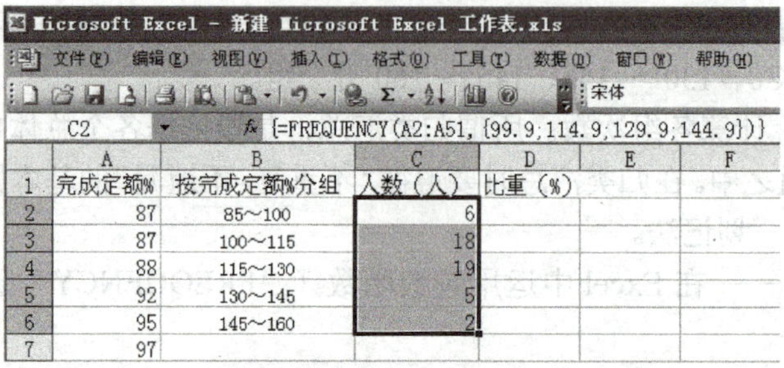

图 3-12 运用"FREQUENCY"函数汇总结果

第五步计算比重。先选中"C2:C7"区域，单击"Σ"自动求和；再选中单元格 D2，输入"=C2/$C$7*100"，按 <Enter> 键，拖动鼠标填充至 D7，即完成比重的计算，如图 3-13 所示。

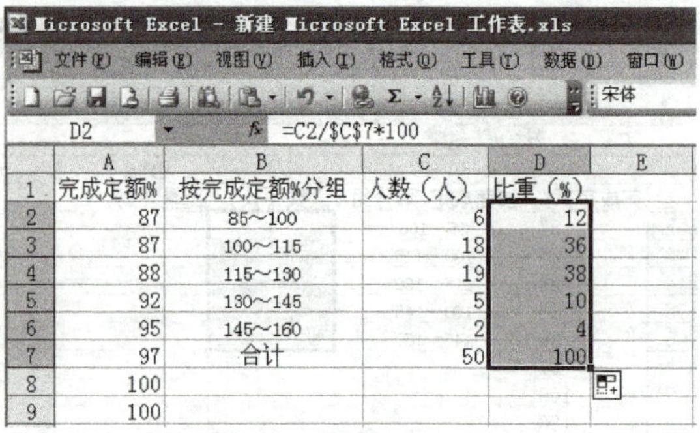

图 3-13 比重计算结果表

（3）形成分布数列——表格法。将图 3-13 内容按整理结果表 3-19 要求进行修饰即可完成。修饰方法将在项目四中详细介绍，此处略。

表 3-19　某企业一车间按产量定额比重分布表

按完成定额比重分组	次　　数	
	人数／人	比重（%）
85～100	6	12
100～115	18	36
115～130	19	38
130～145	5	10
145～160	2	4
合　　计	50	100

（4）形成分布数列——图示法。操作步骤将在项目四中详细介绍，如图 3-14 所示。

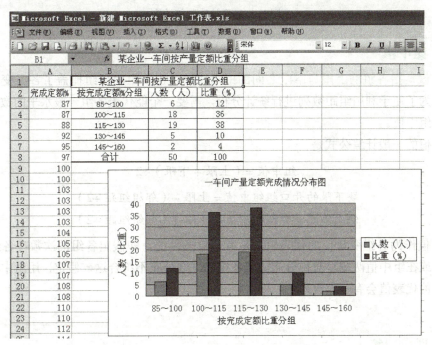

图 3-14　Excel 制作的次数分布条形图

三、累计次数

　　为了统计分析的需要，有时需要观察某一变量值以上或以下的次数之和，即计算累计次数。累计次数有两种计算方法：一种叫向上累计，即将各组次数或比重由变量值低的组向变量值高的组逐组累计相加，表明各组上限以下的累计次数或累计比重；另一种叫向下累计，即将各组次数或比重由变量值高的组向变量值低的组方向逐组累计相加，表明各组下限以上的累计次数或累计比重。

　　在 Excel 中计算累计次数，步骤如下：

1）计算向上累计次数和比重。在图 3-14 中选中 E3 单元格，输入"=C3"，按〈Enter〉键，结果为 6；再选中"E4"，输入"=E3+C4"，按〈Enter〉键，结果为 24；再利用填充柄功能计算出该列各单元格数值。F 列向上累计比重可仿此计算。

2）计算向下累计次数和比重。选中 G7 单元格，输入："=C7"，按〈Enter〉键，结果为 2；再选中 G6 单元格，输入："=G7+C6"，按〈Enter〉键，结果为 7；再利用填充柄功能计算出该列各单元格数值。H 列向下累计比重可仿此计算。

计算结果如图 3-15 所示。

	A	B	C	D	E	F	G	H
1		某企业一车间按产量定额%分组						
2		按完成定额%分组	次数		向上累计		向下累计	
3			人数（人）	比重（%）	人数（人）	比重（%）	人数（人）	比重（%）
4	87	85～100	6	12	6	12	50	100
5	87	100～115	18	36	24	48	44	88
6	88	115～130	19	38	43	86	26	52
7	92	130～145	5	10	48	96	7	14
8	95	145～160	2	4	50	100	2	4
9	97	合计	50	100	—	—	—	—

图 3-15　累计次数统计表

四、组中值

组中值是指各组的上限与下限之间的中点数值。由于组距分组掩盖了各组变量值的具体数值，为了便于利用组距数列进行统计分析，需要一个能代表各组一般水平的数值，这个数值就是组中值。

组中值的一般计算公式是

$$组中值 =（上限 + 下限）÷2$$

$$缺下限的开口组组中值 = 上限 -（邻组组距 ÷2）$$

$$缺上限的开口组组中值 = 下限 +（邻组组距 ÷2）$$

组中值作为各组变量值的代表值，是有假定条件的，即假定各组的次数在各组内呈均匀分布，或在组中值两侧呈对称分布。若各组的次数分布不符合这一假定，用组中值作为一组变量值的代表值会有一定误差。

课堂训练

一、训练要求

根据以下练习资料，由 2～4 人的小组合作学习完成，也可独立完成。

二、训练内容

练习资料：某班 36 名学生某科的考试成绩如下：

54	60	62	97	85	52	83	79	95	80	89	85
77	68	86	93	70	81	78	89	71	89	80	85
75	78	90	66	78	73	82	82	99	77	88	84

根据资料编制等距数列，完成以下内容。

1．按步骤确定分组，并对应地写出每个步骤的结果。

（1）判定变量的性质。

（2）找出极大值、极小值，计算全距。

（3）确定组数和组距。

（4）确定组限，同时注明是同限标记还是异限标记？是开口组还是闭口组？

（5）列出划分的各组别。

2．汇总次数，利用 Excel 中"FREQUENCY"函数进行操作，写出操作步骤及结果。

3．采用表格法编制组距分布数列，将结果填入表 3-20 中。

表 3-20　组距分布数列

成绩分组 / 分	人数 / 人
合　　计	

三、训练评价

根据课堂训练的内容及评分标准，将各项得分填入表 3-21 中。

表 3-21　编制等距数列评价表

各项分值及评分标准	自评分 / 分	小组评分 / 分	教师评分 / 分
确定分组（30 分）			
汇总次数（40 分）			
表格法编制组距分布数列（30 分）			
各栏合计 / 分			
实际得分 / 分			

注：实际得分 = 自评分 ×30%+ 小组评分 ×30%+ 教师评分 ×40%。

知识拓展

一、手工汇总

手工汇总一般有划记法、过录法、折叠法和卡片法。四种方法的比较见表 3-22。

表 3-22　手工汇总四种方法比较

汇 总 方 法	具体操作方法及优缺点	汇 总 内 容
划记法	划正汇总。简便易行，汇总内容受限制	各组及总体单位数
过录法	抄录数值汇总。发现错误时，便于核对、调整，无需全部返工	各组及总体单位数标志值总和
折叠法	不需抄录数值。适合汇总大量样式相同的表格。省时省力，但出现差错，不易查明原因，需从头返工	标志值总和
卡片法	只需进行一次过录，可供多次分组使用。适用于大规模调查、复杂资料分组；方法简便准确，便于检查	各组及总体单位数标志值总和

折叠法是指汇总大量格式相同的调查表时，将所有调查表中需要汇总的项目和数值全部折边，并一张接一张地叠放在一起，然后直接汇总同一纵栏或同一横行中的数值。这种方法简便易行，不需要过录，省时省力，报表汇总中常用此法。其缺点是一旦出现差错，不易查明原因，往往要从头返工。

卡片法就是将调查资料先摘录在特制的卡片上，一张卡片为一个调查单位，然后利用卡片进行分组归类、汇总计算。卡片法无论进行多少次分组，各单位资料只需进行一次过录，检查也较容易，一般运用于大规模的专门调查和分组较复杂的资料整理工作，比其他三种手工汇总方法更简便准确。

二、统计数据的排序

排序是数据资料整理中最常用的方法之一，是将所有总体单位按照某标志值的大小顺序重新排列，由此形成新的数据序列的方法。

以表 1-11 资料为例，举例说明使用 Excel 排序的方法。

排序要求：将表 1-11 资料按期末总分从高到低排序，如果总分相同，按数学分数从高到低排序。

操作步骤如下：

1）选中所有数据，即从 A2 到 H22，选中区域出现蓝底色，如图 3-16 所示。

	A	B	C	D	E	F	G	H
1			表1-11 某班学生资料及期末考试成绩一览表					
2	学号	姓名	出生年月	语文	数学	英语	体育	期末总分
3	01	张静	1992-12-26	92	85	85	76	338
4	02	向婷	1993-03-20	89	94	88	84	355
5	03	黄锟	1992-12-01	93	88	83	73	337
6	04	牟剑侠	1992-08-31	92	96	82	83	353
7	05	胡敏	1992-11-23	92	93	81	75	341
8	06	王沁	1992-09-21	93	88	65	80	326
9	07	沈诗琪	1992-08-10	88	77	78	80	323
10	08	张慧	1993-12-20	91	92	79	84	346
11	09	夏瑶	1993-08-15	82	83	72	75	312
12	10	钱敏	1991-06-07	80	90	89	73	332
13	11	衷雨虹	1991-10-01	67	90	63	96	316
14	12	余梦	1993-08-08	70	80	69	77	296
15	13	黄汉荣	1992-08-12	66	84	86	78	314
16	14	许诗笛	1993-01-01	85	90	79	89	343
17	15	王晶	1992-10-23	80	92	93	78	343
18	16	邓慧娟	1991-08-27	89	60	93	81	323
19	17	黄侠	1993-09-09	90	60	86	86	322
20	18	万媛	1993-11-02	79	69	79	70	297
21	19	张畅	1993-04-17	74	86	70	75	305
22	20	吴红梅	1992-12-03	82	84	65	78	309

A2　学号

数据录入要正确

图 3-16　某班学生资料选中区域

2）单击"数据"菜单，选择"排序"，出现"排序"对话框，如图 3-17 所示。

3）在"主要关键字"中选择"期末总分"，右侧选"降序"；在"次要关键字"中选择"数学"，右侧选"降序"；然后，单击"确定"按钮，所有学生便按期末总分从高到低排序，如果总分相同则数学成绩高的排在前面。

4）添加"名次"栏，在 I3、I4 中分别输入 1 和 2，选中 I3:I4，利用填充柄功能，按住左键拖曳至 I22，即可得到排序及名次，如图 3-18 所示。

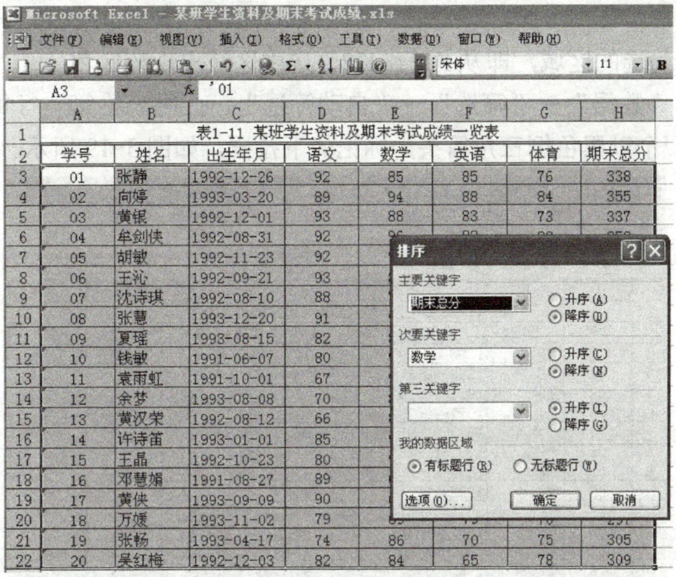

图 3-17 "排序"对话框

图 3-18 某班学生成绩按总分排序一览表

通常情况下,进行排序操作前要将重新排序的数据全部选中,否则当数据中出现空列或空行时,在空列或空行的数据不会跟着一起变化。

三、数据的筛选

数据资料的筛选就是将符合条件的总体单位记录留下来,不符合条件的总体单位记录剔除掉,显现出符合条件的全部总体单位。

用 Excel 进行筛选时,就是将符合条件的记录显示出来,不符合条件的记录隐藏掉。如果需要可以将筛选出来的记录复制到另外的工作表或工作簿中进行分析,这样就等于将不符合条件的记录完全地删除掉了。

在 Excel 中可以对数据进行各种复杂的筛选,而且十分方便。以图 3-19 资料为例,要求筛选出语文、数学成绩均在 85 分以上,英语、体育成绩均在 75 分以上的所有学生记录,其操作步

骤如下：

1）选中需要筛选的区域，即从 A2 到 I22，选中区域出现蓝底色。

2）单击菜单"数据"→"筛选"→"自动筛选"，此时表格第一行每一个字段名单元格右下方都出现一个以黑色倒三角箭头为标记的下拉框，如图 3-19 所示。

图 3-19　数据筛选

3）通过下拉框提供的选择条件进行筛选。

单击"语文"下拉框，选择"自定义"菜单，便会弹出一个对话框（见图 3-20）。在对话框左上侧选择"大于或等于"，右上侧键入 85，单击"确定"按钮；"数学"、"英语"和"体育"下拉框也用同样的方法操作，但"英语"和"体育"在对话框右上侧键入 75，单击"确定"按钮即可得出筛选结果。

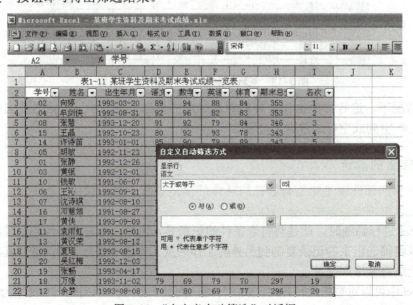

图 3-20　"自定义自动筛选"对话框

筛选结果如图 3-21 所示，表明有 6 名同学符合条件。

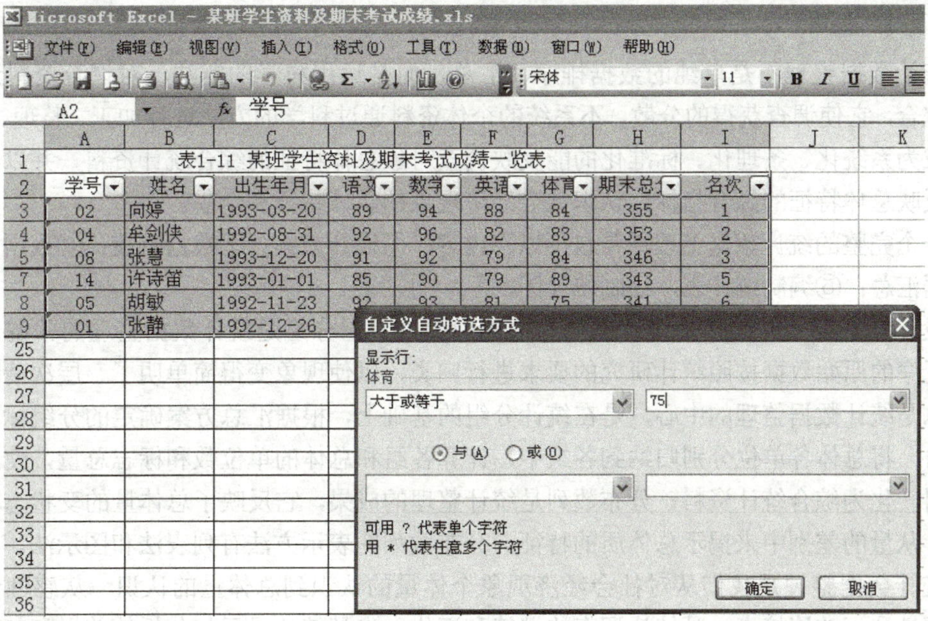

图 3-21　数据筛选结果

4）复制筛选结果。

　　筛选的直接结果是将符合条件的记录留下，不符合条件的记录隐藏（不显示）。如果不想保留隐藏的记录，可以把筛选的结果复制到另一个区域（或工作表、工作簿）。操作方法是先选中筛选后的数据区域并进行复制操作；然后将光标停留在粘贴区域的第一个单元格上并进行粘贴操作，其结果如图 3-22 所示。图 3-22 中 A26:I32 是复制后的记录，其中已不含隐藏记录。如果在图 3-21 的筛选结果中单击"数据"→"筛选"→"自动筛选"或"全部显示"，全部隐藏记录又会显示出来。

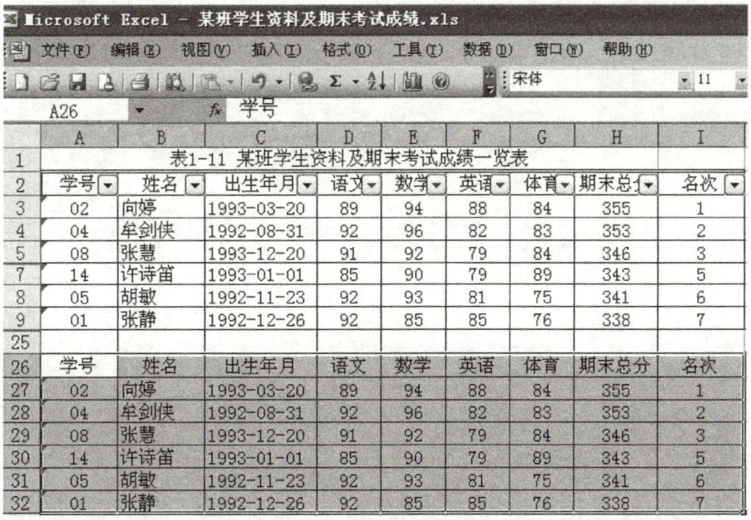

图 3-22　复制筛选结果

项目总结

　　统计数据整理不是单纯的数据排序、汇总，而是运用科学的方法，对调查资料进行分类和综合，它使调查获得的分散、不系统的个体资料通过科学的方法进行加工、整理、汇总，使之成为系统化、条理化、标准化的能反映调查对象总体特征的综合统计资料，并以此计算各种反映总体特征的综合指标，认识社会经济现象的总体特征和全貌。

　　一个完整的统计数据整理通常包括以下内容：①设计方案；②数据审核；③数据分组；④数据汇总；⑤编制统计表，绘制统计图。

　　设计方案和数据审核是统计数据整理的前提。数据分组是统计数据整理的关键，是将随机无序的原始数据按照统计研究的要求进行归类，以使现象变得简单明了、层次清晰。数据汇总是统计数据整理的中心，是在统计分组的基础上，根据汇总方案确定的分组标志和分组数目，将总体各单位分别归纳到各组中，计算各组和总体的单位数和标志总量，使原始统计资料转化为综合统计资料。分布数列是统计整理的成果，它反映了总体量的变状态和量变过程，从量的差别中来揭示总体质的特征。分布数列的表示方法有列表法和图示法。

　　统计数据整理是我们从对社会经济现象个体量的认识到总体量的认识、从感性认识上升到理性认识的连接点，是统计调查的继续和深化，也是统计显示与分析的前提和基础，在统计工作中起着承前启后的作用。统计数据整理的质量直接影响着统计工作的成果。

项目四　数据资料的显示

项目导航

学习目标
- 阐述统计表、统计图的含义和作用
- 制作统计表
- 创建统计图

具体任务

任务一　学会设计和制作统计表
任务二　学会创建和修饰统计图

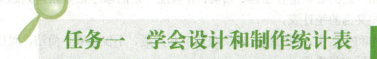

任务一　学会设计和制作统计表

任务要求

- 理解统计表的含义和作用
- 掌握统计表的结构、种类和设计规则
- 学会设计统计表，能熟练运用 Excel 制作统计表

知识储备

在日常工作和生活中，我们通过阅读报纸杂志、查阅计算机网络资料，都能看到大量的统计表和统计图。统计表与统计图是显示数据资料的重要工具。表 4-1 和图 4-1 中的资料，就摘选于《中华人民共和国 2009 年国民经济和社会发展统计公报》。

表 4-1　2009 年各种运输方式完成旅客运输量及其增长速度

指　标	单　位	绝　对　数	比上年增长（%）
旅客运输总量	亿人	297.7	3.8
铁路	亿人	15.2	4.3
公路	亿人	278.0	3.6
水运	亿人	2.2	2.9
民航	亿人	2.3	19.7

图 4-1　2005 年至 2009 年城乡居民人民币储蓄存款余额

一、统计表的含义和作用

统计表是由纵横交叉线条所绘制的表格来表现统计资料的一种形式。广义上的统计表包括统计各个阶段中所用的一切表格；狭义上的统计表则是指统计整理与统计分析阶段所用的表格。根据实际需要，通过对统计资料汇总，得出许多说明社会现象和过程的数字资料，把这些资料按照一定的要求进行整理、归类，并按照一定的顺序把数据排列起来，制成表格，这种表格就是狭义上的统计表。

在现实工作和生活中，利用统计表反映情况和问题，不仅直观、简洁、醒目、条理清晰，而且便于比较分析和积累资料。

二、统计表的结构

从不同的角度看，统计表的结构有不同划分。

（1）从形式上看，统计表包括总标题、横行标题、纵栏标题和数字资料四个基本部分。有些统计表还增列补充资料、注解、附记、资料来源、填报单位、填报人员和填报日期等。统计表各部分的结构如图 4-2 所示。

2009 年我国全部金融机构存贷款及其增长速度　←总标题		
金融机构存贷款	年末数/亿元	比上年末增长（%）
各项存款余额	612 006	27.7
其中：企业存款	224 357	36.5
城乡居民储蓄存款	264 761	19.5
各项贷款余额	425 597	33.0
其中：短期贷款	151 353	17.7
中长期贷款	235 579	43.5

（主词）　　　　　　　　　　（宾词）

图 4-2　统计表的结构

　　总标题是表的名称，用来概括统计表中全部资料内容，一般写在表上端中部。横行标题通常用来表示各组的名称，是表所要说明的对象，一般写在表的左方。纵栏标题通常用来表示指标名称，一般写在表的上方。数字资料是说明总体特征的各项指标数值，写在各横行标题与纵栏标题的交叉处。

　　（2）从内容上看，统计表格由主词和宾词两部分组成。

　　主词是统计表所要说明的总体及其分组，通常排列在表的左方。在图4-2中，"金融机构存贷款"即为主词。

　　宾词是用来说明总体特征的统计指标，一般排列在表的右方。在图4-2中，"年末数"、"比上年增长（%）"指标（包括名称和数值）即为宾词。有时为了更好地编排表的内容，也可以将主词和宾词更换位置或合并排列。

三、统计表的种类

　　统计表按主词是否分组以及分组情况的不同，可分为简单表、分组表和复合表三类。

1. 简单表

　　表的主词未经任何分组的统计表称为简单表。简单表的主词一般按时间顺序排列，或按总体各单位名称排列。简单表通常是对调查来的原始资料进行初步整理所采用的形式，见表4-2、表4-3。

表4-2　2005—2009 年我国社会消费品零售总额

年　份	社会消费品零售总额 / 亿元
2005	67 177
2006	76 410
2007	89 210
2008	108 488
2009	125 343

表4-3　手机销售报表

手机品牌	型　号	单价 / 元	销售数量 / 部	销售金额 / 元
诺基亚	E5520	1 580	7	11 060
索爱	T707	1 150	13	14 950
三星	I8180	3 650	4	14 600
LG	PC910	1 449	12	17 388
飞利浦	D900	2 230	6	13 380
摩托罗拉	ME600	2 449	8	19 592
合　计	—	—	50	90 970

2. 分组表

　　表的主词按某一标志进行分组的统计表称为分组表。利用分组表可以揭示不同类型现象的特征，说明现象内部的结构，分析现象之间的相互关系，见表4-4。对同一总体按两个或两个以上标志分组并平行排列起来的，称为平行分组体系。平行分组体系形成的统计表仍然属于分组表，见表4-5。

表 4-4　批发和零售业企业法人单位和从业人员分布情况表

按登记注册类型分组	法人单位 / 个	从业人员 / 万人
内资企业	29 527	35.36
港、澳、台商投资企业	85	0.76
外商投资企业	95	0.89
合　　计	29 707	37.01

（资料来源：《武汉市第二次经济普查主要数据公报》　2010 年 2 月 12 日发布）

表 4-5　2009 年人口数及其构成

指　　标	年末数 / 万人	比重（%）
全国总人口	133 474	100.0
其中：城镇	62 186	46.6
乡村	71 288	53.4
其中：男性	68 652	51.4
女性	64 822	48.6
其中：0 ～ 14 岁	24 663	18.5
15 ～ 59 岁	92 097	69.0
60 岁及以上	16 714	12.5

3．复合表

表的主词按两个或两个以上标志进行重叠分组的统计表称为复合表，见表 4-6。

表 4-6　农村外出从业劳动力总量及构成

按地区和性别分组	人数 / 万人	比重（%）
全国	13 181	100.0
其中：男性	8 436	64.0
女性	4 745	36.0
其中：东部地区	3 846	29.2
其中：男性	2 531	65.8
女性	1 315	34.2
中部地区	4 918	37.3
其中：男性	3 089	62.8
女性	1 829	34.2
西部地区	4 035	30.6
其中：男性	2 546	63.1
女性	1 489	36.9
东北地区	382	2.9
其中：男性	268	70.2
女性	114	29.8

（资料来源：《第二次全国农业普查主要数据公报》　2008 年 2 月 27 日发布）

四、统计表的设计规则

为了使统计表的设计科学、实用、简明、美观，设计统计表时应注意以下问题。

（1）统计表的设计安排应全盘考虑，内容不要过分复杂，最好一张表集中说明一个问题。如果需要反映的内容较多，可以分成几张表。

（2）总标题应简明扼要，能准确说明统计表的主要内容。总标题通常包括统计表所说明的时间、对象和中心内容；纵栏、横行的排列要反映统计资料的逻辑关系。

（3）统计表中的数值要注明计量单位。如果表中全部资料的计量单位都相同，可以把计量单位标列在表的右上角；如果各纵栏中计量单位不同，可以把计量单位标列在栏目内，见表4-7；如果各横行计量单位不同，应增设计量单位栏，见表4-8。

表 4-7 某企业生产部门生产完成情况检查表

部　门	计 划 产 量		实 际 产 量		完成计划（%）	去年同期产量/万辆	本年实际产量为去年的比例（%）
	产量/万辆	占总产量比重（%）	产量/万辆	为甲部门产量的比例（%）			
甲	（1）	（2）	（3）	（4）	（5）	（6）	（7）
乙							
合　计							

表 4-8 能源消费情况

指 标 名 称	计 量 单 位	代　码	消 费 量		消费额/千元	
			本季累计	同期	本季累计	同期
煤炭	千克	01				
电力	千瓦时	02				
其中：中央空调用电	千瓦时	03				
天然气	立方米	04				
……	……	……				

（4）统计表的上下两端的边线应当用粗线绘制，表中其他线条一律用细线绘制，表的左右两端习惯上不画线，采用开口式。

（5）统计表纵栏之间必须用纵线隔开，横行之间则不一定划线隔开。纵栏标题与数字之间应有横线；统计表中的横行"合计"列在最后一行时，在其上边以细线与其他数字隔开。

（6）统计表中的横行"合计"，一般位于最后一行（或最前一行）；统计表中纵栏的"合计"一般列在最前一栏。

（7）统计表中的数值必须准确无误，位数对齐；如有相同的数字应全部重写，切忌写"同上"，"同左"等字样；当缺乏某项数字资料时，用符号"…"表示；不应有数字时，用符号"—"表示；当某项资料免填时，用"×"表示。统计表数字部分不应留下空白。

（8）如果统计表的栏目较多，为了更清晰，一般应该对各栏进行编号，一般主词部分以甲、乙、丙、丁等为序号，宾词部分以（1）、（2）、（3）、（4）等为序号，见表4-8。

（9）对某些资料必须进行说明时，可在表格下方添加备注，以补充说明表格的内容。

五、运用 Excel 制作统计表

用 Excel 制作统计表，同样需要根据给定的资料与设计要求，分别确定总标题、统计表

的种类和宾词指标等，设计出样表。

打开 Excel 2003 应用程序，你会看到一个带有行列号编辑表格的界面，这时就可以按照已经设定的格式输入表格内容。在工作表中的单元格周围都有灰色的细线，表格的边框线是系统预设的，如果不事先自行设置边框，打印出来的表格将没有边线，因此，需要为工作表中的数据添加边框、设置文字和数据等，使制作的表格更加规范、数据显示更加清晰。

准备 1：在 Excel 2003 工作表中，输入"手机销售报表"的内容，如图 4-3 所示。

准备 2：在工作表中完成相关的计算，如图 4-4 所示。

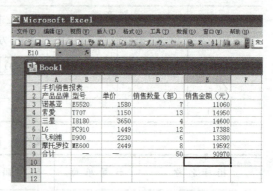

图 4-3 "手机销售报表"资料的录入　　　　图 4-4 "手机销售报表"的相关计算

1．添加边框

添加边框的具体操作步骤如下：

（1）选中要添加边框的单元格或单元格区域，如图 4-5 所示。

（2）单击"格式"，选择"单元格"命令，弹出"单元格"对话框后，单击"边框"标签，打开"边框"选项卡，如图 4-6 所示。

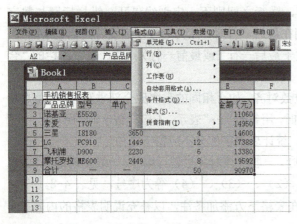

图 4-5 选定"手机销售报表"需要添加边框区域　　　图 4-6 "边框"选项卡

（3）在"预置"选区中选择相应的选项，设置单元格或单元格区域的内边框和外边框，如图 4-7 所示。

（4）在"边框"选区中选择相应的单元格应用边框，也可以在"边框"窗口中预览框内添加或删除边框处单击鼠标，如图 4-8 所示。

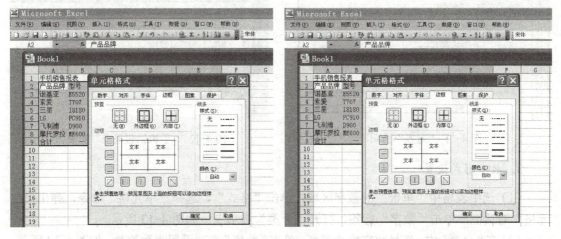

图 4-7　设置内外边框　　　　　　　　　图 4-8　设置左右边框

（5）在"线条"选区的"样式"列表中选择一种线型，加粗上下边框，如图 4-9 所示。

（6）单击"确定"按钮，"手机销售报表"初稿完成，如图 4-10 所示。

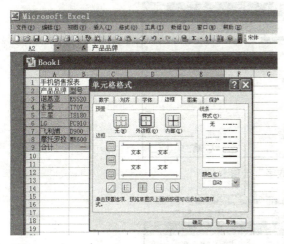
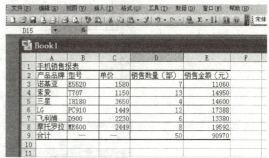

图 4-9　加粗上下边框　　　　　　　　图 4-10　"手机销售报表"初稿一

2. 对齐方式设置

（1）选中"手机销售报表"表格区域后，单击"格式"，选择"单元格"命令，弹出"单元格"对话框，单击"对齐"标签，打开"对齐"选项卡。

（2）在"对齐"选项卡中，设置水平对齐或垂直对齐方式，如图 4-11 所示。

（3）单击"确定"按钮，"手机销售报表"得到初步完善，如图 4-12 所示。

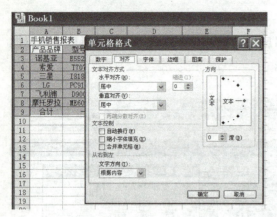

图 4-11 "对齐"选项卡　　　　　　　　图 4-12 "手机销售报表"初稿二

3. 数字形式设置

（1）选中表格中"单价"的数字区域，单击"格式"，选择"单元格"命令，弹出"单元格"对话框，单击"数字"标签，打开"分类"选项卡，如图 4-13 所示。

（2）在"分类"中，选择数字格式类型，单击"数值"选项设置小数位数，如图 4-14 所示。

（3）单击"确定"按钮。"销售金额"按同样程序操作，"手机销售报表"初稿得到进一步完善，如图 4-15 所示。

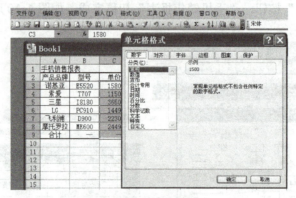

图 4-13 "数字"选项卡

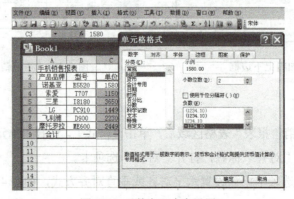

图 4-14 "数字"内容设置

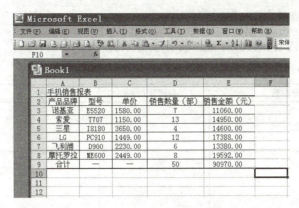

图4-15 "手机销售报表"初稿三

一、训练要求

熟练掌握使用 Excel 2003 设计和制作统计表的方法，独立完成规范的统计表的制作。

二、训练内容

（1）2005 年至 2009 年我国居民消费价格涨跌幅度分别为 1.8%、1.5%、4.8%、5.9% 和 -0.7%，试编制一份简单表（2005 年至 2009 年我国居民消费价格涨跌幅度）并保存于学生的个人电子邮箱中（预览表格为宋体、4 号字、行距 1.5 倍，打印预览居页面上端中间）。

（2）表 4-9 是某市第二次经济普查公报的一份数据，试制作一份同样的统计表，完成比重的计算，并打印预览（页面设置要求：100% 显示，表格为宋体、5 号字、行距 1.5 倍，打印预览居页面上端中间）。

表4-9 有证照个体经营户的行业分布表

按行业分布	户数 / 万户	比重（%）
合 计	22.06	
工业[1]	1.07	
建筑业	0.14	
交通运输业	2.32	
批发和零售业	14.01	
住宿和餐饮业	1.68	
房地产业	0.06	
租赁和商务服务业	0.27	
居民服务和其他服务业	1.93	
教育	0.04	
卫生和社会福利业	0.18	
文化、体育和娱乐业	0.22	
其他	0.13	

[1] 包括采矿业、制造业和电力、燃气及水的生产和供应业。

三、训练评价

根据课堂训练的内容和评分标准，将各项得分填入表 4-10 中。

表 4-10　制作统计表评价表

各项分值及评分标准	自评分／分	小组评分／分	教师评分／分
数据输入（10 分） 统计表内容、形式（30 分） 保存（10 分）			
内容输入（10 分） 计算（5 分） 制作统计表（30 分） 打印预览（5 分）			
各栏合计／分			
实际得分／分			

注：实际得分 = 自评分 ×30%+ 小组评分 ×30%+ 教师评分 ×40%。

任务二　学会创建和修饰统计图

任务要求

- 认识统计图及其结构
- 学会创建统计图的方法
- 掌握修饰统计图的技巧

知识储备

统计表是显示统计资料的基本形式之一，在统计整理、统计分析中发挥了重要的作用。利用 Excel 制作统计表简便快捷，但仅依靠表格很难给人留下深刻的印象。如果在制作统计表时适当地添加一些图形，不但会使统计表更生动形象，而且也会让人一目了然、印象深刻，故有"一图解千文"的说法。Excel 2003 具有创建统计图表功能，也能像制作统计表一样既快捷又美观地创建统计图。

一、认识统计图

统计图是根据统计数字，用点、线、面等几何图形以表示各种数量间的关系及其变动情况的工具。统计图可以使复杂的统计数字简单化、通俗化、形象化，使人一目了然，便于理解，易于接受。它具有直观、形象、生动、具体等特点。它和统计表一样，是显示和分析统计资料的基本形式和方法之一。因此，统计图在统计资料整理与分析中占有重要地位，并得到广泛应用。

Excel 2003 能提供多种图样，利用 Excel 创建统计图可以省去手工绘制统计图的繁琐，只要将数据输入计算机，可以套用各种现成的图形，完成相关的操作后就自动生成统计图，而且修改也非常方便，较之手工绘制统计图有无可比拟的优越性。常用的统计图表有柱形图、条形图、折线图、饼图、XY 散点图、面积图、圆环图等 14 种类型，而且每类图形还分成若干个子类型。如图 4-16～图 4-20 是一组反映全国及各地区国民经济和社会发展情况的统计图。本任务将重点介绍柱形图，以求举一反三，掌握创建统计图的方法和技巧。

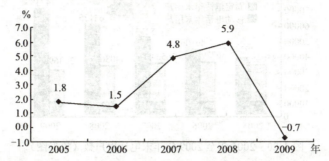

图 4-16　2005 年至 2009 年全国居民消费价格涨跌幅度（折线图）

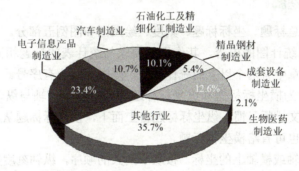

图 4-17　2009 年上海重点发展工业占工业总产值的比重（饼图）

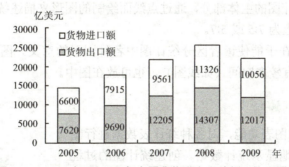

图 4-18　2005 年至 2009 年全国货物进出口总额（柱形图）

图 4-19　2005 年 12 月至 2010 年 6 月全国网民数及互联网普及率（两轴线—柱形图）

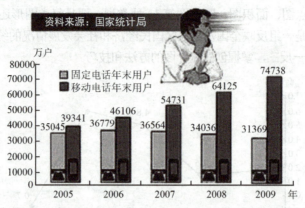

图 4-20 2005 年至 2009 年年末电话用户数（象形图）

二、统计图的结构

统计图一般包括总标题、坐标标题、刻度、绘图区和图例五部分。

（1）总标题表明统计图的内容，其作用及要求与统计表的标题相同，一般位于图的下方中部。若同一篇文章中有两个以上的统计图时，则标题前应有序号。

（2）坐标标题分为横坐标标题和纵坐标标题，分别表示横轴与纵轴数字的意义，一般有度量衡单位。按中文排版习惯，纵坐标标题自上而下，横坐标标题从左至右。如果横轴的分组标志十分明确，也可省略横坐标标题。

（3）刻度指在纵轴或横轴上的坐标。按从小到大的顺序，纵轴刻度数值由下向上排列，横轴刻度数值从左到右排列。

（4）绘图区是统计图的主体部分，通过点线面绘制的图形来描述统计资料。为了美观，图形的长宽比例习惯上为 7:5 或 5:7。

（5）图例的作用在于能使读者区分统计图中各种图形的意义。图例通常在横坐标与纵坐标之间，如果图中有较多空间（如线图），也可放在图中。

三、统计图的创建

Excel 具有完整的图表功能，对各种统计表数据进行图表处理，可以更直观地显示统计数据。创建统计图的过程非常简单，只要按照"图表向导"的有关说明进行操作，即可完成统计图的创建。

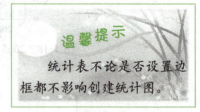

温馨提示

统计表不论是否设置边框都不影响创建统计图。

准备 1：已制作完成的统计表或者具有统计表内容的未完成的统计表，如图 4-21 所示。

准备 2：单击"插入"菜单的"图表"选项或单击常用工具栏的"图表向导"命令，即可在"图表向导"对话框的引导下创建图表。

具体操作步骤如下：

（1）在"图表向导—4 步骤之 1—图表类型"对话框中选择需要的图表类型，选择柱形图的第一种类型，如图 4-22 所示。

图 4-21　输入统计表内容　　　　图 4-22　"图表向导—4 步骤之 1—图表类型"对话框

（2）单击"下一步"按钮，出现"图表向导—4 步骤之 2—图表源数据"对话框。"数据区域"框表示要选定 Y 轴的显示内容。用鼠标在表上选定 Y 轴要显示的"项目"和"数据"，即 B2:C7，选定后，选定区域会出现虚线框，"数据区域"对话框即显示图表，如图 4-23 所示。单击"系列"进入 X 轴的对话框，它表示要选定 X 轴的显示内容。将鼠标选定区域 A3:A7，选定区域会出现虚线框，同时图表中的 X 轴变为 2005—2009，如图 4-24 所示。

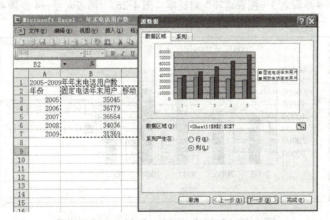

图 4-23　图表向导—4 步骤之 2—图表源数据一

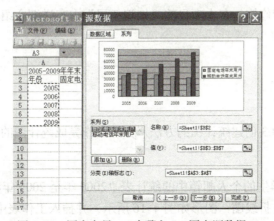

图 4-24　图表向导—4 步骤之 2—图表源数据二

（3）单击"下一步"按钮，出现"图表向导—4 步骤之 3—图表选项"对话框，在"标题"选项卡中输入相关内容，如图 4-25 所示。在"图表标题"中输入"2005 年至 2009 年年末全国电话用户数"；在"分类（X）轴"中输入"年份"；在"数值（Y）轴"中输入"用户数"；其他选项卡采用默认值。

（4）单击"下一步"按钮，出现"图表向导—4 步骤之 4—图表位置"对话框，如图 4-26 所示。在"作为新工作表插入"和"作为其中的对象插入"中选一项，单击"完成"按钮，即可得到需要的图表效果，如图 4-27 所示。

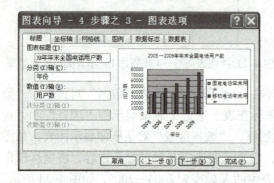
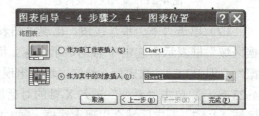

图 4-25　"图表向导—4 步骤之 3—图表选项"对话框　图 4-26　"图表向导—4 步骤 4—图表位置"对话框

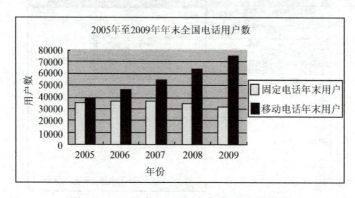

图 4-27　2005 年至 2009 年年末电话用户数

对统计图的进一步修饰，在本项目的"知识拓展"中有详细介绍。

课堂训练

一、训练要求

熟练掌握 Excel 2003 创建统计图的方法，分组合作完成统计图的创建和修饰。

二、训练内容

（1）根据保存在学生的个人邮箱中的统计表"2005 年至 2009 年我国居民消费价格涨跌幅度"，创建统计图（折线图，图形如图 4-16 所示）并插入工作表中。

（2）登陆"国家统计局"网站，查阅全国年度统计公报资料，收集 2005 年至 2009 年我国汽车生产产量和同比增长数据，再创建统计图（两轴折线图），并加以修饰。比一比，看谁的图更实用、更美观。

三、训练评价

根据课堂训练的内容和评分标准，将各项得分填入表 4-11 中。

表 4-11　创建统计图评价表

各项分值及评分标准	自评分 / 分	小组评分 / 分	教师评分 / 分
创建基本统计图（20 分）			
修饰统计图（30 分）			
查阅资料（10 分）			
内容输入（10 分）			
创建基本统计图（10 分）			
修饰统计图（20 分）			
各栏合计 / 分			
实际得分 / 分			

注：实际得分 = 自评分 ×30% + 小组评分 ×30% + 教师评分 ×40%。

知识拓展

一、宾词指标的设计

宾词指标的设计是对说明总体特征的统计指标的设计。宾词指标的设计分为三种情况：简单设计、分组平行设计、分组层叠设计。

1. 简单设计

对宾词不作任何分组，按一定顺序排列在统计表中的设计称为简单设计，见表 4-12。

表 4-12　某市中等职业学校的基本情况

学　校	教师人数 / 人	学生人数 / 人	专业设置数量 / 种
（甲）	(1)	(2)	(3)
⋮			
合　计			

2. 分组平行设计

将总体指标进行两个及两个以上简单分组后在统计表中平行排列的设计称为分组平行设计，见表 4-13。

表 4-13　某市中等职业学校的基本情况

学　校	教师人数 / 人			学生人数 / 人			专业设置数量 / 种			
	高级讲师	讲师	助理讲师	一年级	二年级	三年级	财会	电子商务	计算机	其他
（甲）	(1)	(2)	(3)	(4)	(5)	(6)	(7)	(8)	(9)	(10)
⋮										
合　计										

3. 分组层叠设计

将总体指标进行两个或两个以上的复合分组后排列在统计表中的设计称为分组层叠设计，见表4-14。

表4-14　某市职业学校的基本情况

学　　校	教师人数／人						学生人数／人						专业设置数量／种							
	高级讲师		讲师		教师		一年级		二年级		三年级		财会		电子商务		计算机		其他	
	男	女	男	女	男	女	男	女	男	女	男	女	男	女	男	女	男	女	男	女
（甲）	(1)	(2)	(3)	(4)	(5)	(6)	(7)	(8)	(9)	(10)	(11)	(12)	(13)	(14)	(15)	(16)	(17)	(18)	(19)	(20)
⋮																				
合　　计																				

二、修饰统计图

在 Excel 中创建统计图后，统计图各组成部分均可进行重新修饰。

> **温馨提示**
>
> 修饰统计图的方法就是对要修饰的部分，用鼠标单击或双击该处。

1. 修饰坐标轴标题

（1）单击"用户数"字框，即可将其选定，选定后会出现一个框，如图4-28所示。

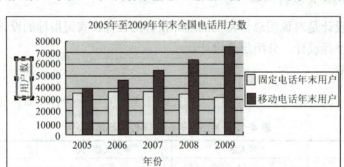

图4-28　修饰坐标轴标题 1

（2）用鼠标拖住字框，将其拖至数据上面，如图4-29所示。

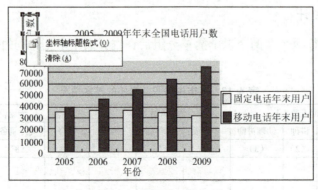

图4-29　修饰坐标轴标题 2

（3）双击"用户数"字框，出现"坐标轴标题格式"对话框，重新选择。其中，单击"对齐"选项卡，在方向指针盘上，将指针转 90 °，最后单击"确定"按钮，如图 4-30、图 4-31 所示。

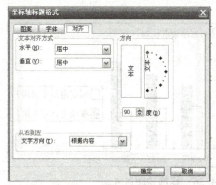

图 4-30　修饰坐标轴标题 3

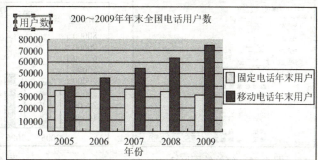

图 4-31　修饰坐标轴标题 4

（4）单击"年份"，即可将其选定，选定后会出现一个框，将其拖至指定位置，如图 4-32 所示。

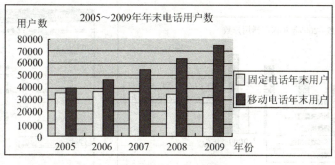

图 4-32　修饰坐标轴标题 5

2．修饰绘图区

（1）改变绘图区颜色。双击绘图区，出现"绘图区格式"对话框，选定颜色；单击"填充效果"，选择一种格式，再单击"确定"按钮。本例中"图案"选择"无"，"区域"选择"无"，如图 4-33 所示；单击"确定"按钮后，即出现新统计图，如图 4-34 所示。

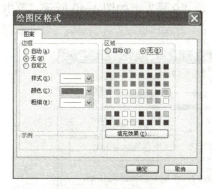

图 4-33　修饰绘图区 1

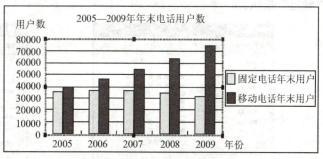

图 4-34　修饰绘图区 2

（2）删除网格线。双击网格线，出现"网格线格式"对话框，重新选定。本例中"图案"

选择"自定义","颜色"选择"白色",如图 4-35 所示,单击"确定"按钮,即得到新统计图,如图 4-36 所示。

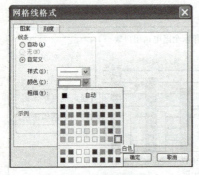

图 4-35　修饰绘图区 3

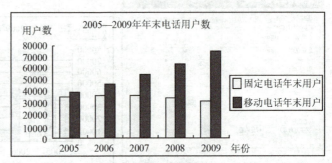

图 4-36　修饰绘图区 4

（3）改变图形颜色。右键单击"固定电话年末用户"图形,如图 4-37 所示,选定"数据系列格式",即出现"数据系列格式"对话框。在"内部"栏中选定"自动",再选定"灰色",如图 4-38 所示。

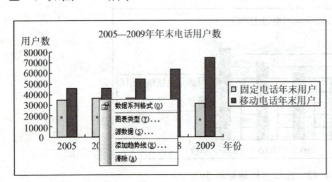

图 4-37　修饰绘图区 5

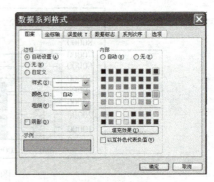

图 4-38　修饰绘图区 6

3．修饰图例

右键单击"图例",弹出"图例格式"对话框,重新选择,最后单击"确定"按钮。

（1）在"图案"选项卡中,"边框"选择"自动",如图 4-39 所示。

（2）在"字体"选项卡中,选择"宋体"、"常规"、"9 号",如图 4-40 所示,单击"确定"按钮。

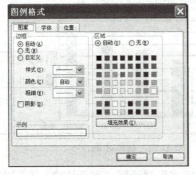

图 4-39　修饰图例 1

图 4-40　修饰图例 2

（3）选定"图例"，将其拖住移动到指定位置，如图 4-41 所示。

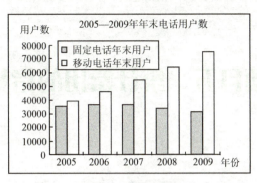

图 4-41 修饰图例 3

项目总结

统计表是由纵横交叉线条所绘制的表格来表现统计资料的一种形式。利用统计表反映情况和问题，不仅直观、简洁、醒目、条理清晰，而且便于比较分析和资料积累。

从形式上看，统计表包括总标题、横行标题、纵栏标题和数字资料四个基本部分；从内容上看，统计表由主词和宾词两部分组成。按主词是否分组以及分组情况的不同，统计表可分为简单表、分组表和复合表三类。宾词指标的设计是对说明总体特征的统计指标的设计，宾词指标的设计分为三种：简单设计、分组平行设计、分组层叠设计。

统计图是根据统计数字，用点、线、面等几何图形以表示各种数量间的关系及其变动情况的工具。统计图可以使复杂的统计数字简单化、通俗化、形象化，使人一目了然，便于理解和比较。统计图一般包括总标题、坐标标题、刻度、绘图区和图例五部分组成。

创建统计图的基本操作过程是按照"图表向导"的有关说明，一步一步地进行操作，即可完成统计图的创建。"图表向导"有图表类型、图表源数据、图表选项和图表位置四个操作步骤。

项目五　统计常用的指标

项目导航

学习目标
- 阐述各种统计指标的含义和作用
- 掌握各指标的种类及计算方法
- 区别各指标的应用特点
- 能够运用各指标分析社会经济现象

具体任务

任务一　掌握总量指标的运用

任务二　掌握相对指标的运用

任务三　掌握平均指标的运用

任务四　掌握标志变异指标的运用

任务一　掌握总量指标的运用

任务要求

1. 理解总量指标的含义和作用
2. 熟悉总量指标的种类
3. 掌握总量指标的计算方法

知识储备

海尔集团简介

海尔集团在全球建立了 29 个制造基地、8 个综合研发中心、19 个海外贸易公司，全球员工总数超过 7 万人，已发展为大规模的跨国企业集团。2009 年，海尔品牌价值高达 812 亿元，自 2002 年以来，海尔品牌价值连续 8 年蝉联中国最有价值品牌榜首。海尔品牌旗下的冰箱、空调、洗衣机、电视机等 19 个产品被评为中国名牌……

从以上资料中,你能感受"数据"的魅力吗?反映一个国家、一个地区、一个企业的情况,都离不开"数据"。统计最大的特点就是用数据说话,用数据反映准确、具体的客观事实。

常用的统计指标有总量指标、相对指标、平均指标与标志变异指标。

一、总量指标的概念与作用

总量指标是用来反映客观事物现象总体在一定时间、地点、条件下的总规模、总水平和工作总量的综合指标。它是将数量标志值加以汇总,而得到的指标数值,其表现形式为绝对数,又称绝对指标。例如《2009 年国民经济和社会发展情况公报》中的数据:全年国内生产总值 335 353 亿元,年末全国就业人员 77 995 万人,全年粮食产量 53 082 万吨,年末全国总人口为 133 474 万人,互联网上网人数 3.8 亿人,其中宽带上网人数 3.5 亿人。

总量指标是认识社会经济现象的起点,是实行社会经济管理的依据之一,是计算相对指标和平均指标的基础。

二、总量指标的分类

(1)按所反映的内容不同,总量指标分为总体单位总量和总体标志总量。

总体单位总量(也称总体单位数)是总体中所有单位个数的合计数,主要用来说明总体本身规模的大小。

总体标志总量是总体中各单位某种标志值的总和。例如调查全国工业企业的生产经营状况,全国工业企业数就是总体单位总量,全国工业企业的职工人数、工资总额、工业增加值和利税总额等都是总体标志总量。

总体单位总量和总体标志总量不是固定不变的,随着研究目的和被研究对象的变化而变化。一个总量指标通常在一种情况下表现为总体标志总量,在另一种情况下则可能表现为总体单位总量。如果上例的调查目的改为调查全国工业企业职工的工资水平,那么全国工业企业的职工人数就不再是总体标志总量,而成了总体单位总量。

> **试一试**
>
> ● 如果要调查我校全体学生基本情况,请列举出总体单位总量和总体标志总量。
> ● "学生人数"在何种情况下,可能成为总体标志总量?

(2)按所反映的时间状况不同,总量指标分为时期指标和时点指标。

时期指标是反映总体现象在一段时期内发展变化过程的总量指标,比如人口出生数、商品销售额、产品产量、产品产值等。

时点指标是反映总体现象在某一时刻(瞬间)上所处状况的总量指标,比如人口数、机器设备台数、商品库存数、企业数等。

时期指标与时点指标,各有不同的特点。

1)时期指标可以累加,说明一段时期内总体现象发展的总量。比如年产值是月产值的累计数,表示年内各月产值的总和;而时点指标不可累加计算,除在空间上或计算过程中可

相加外，一般相加无实际意义，如月末人口数之和不等于年末人口数。

2）时期指标数值的大小与所属时期长短有直接关系，即指标所属时期长的数值比指标所属时期短的数值可能要大，如年产值一般要大于月产值，但有些数值（如利润等）若出现负数，则可能出现时期越长数值越小的情况。时点指标数值与时点间隔长短没有直接关系，如年末设备台数并不一定比年内每月月末设备台数多。

3）时期指标的数值一般通过连续登记取得；时点指标的数值则通过间断登记取得。

（3）按所采用的计量单位不同，总量指标分为实物指标、价值指标和劳动指标。

1）**实物指标是指用实物单位计量的总量指标。** 实物单位是根据事物的属性和特点而采用的计量单位，总量指标的计量单位有以下几种。

①自然单位是按照被研究现象的自然状况来度量其数量的一种计量单位，比如人口以"人"为单位，汽车以"辆"为单位，牲畜以"头"为单位等。

②度量衡单位是按照统一的度量衡制度的规定来度量其数量的一种计量单位。度量衡单位的采用主要是由于有些现象无法采用自然单位来表明其数量，比如煤炭以"吨"为单位，棉布以"尺"或"米"为单位，运输里程以"千米"为单位等。

③标准实物单位是按照统一折算标准来度量被研究现象数量的一种计量单位，比如将各种不同含量的化肥，用折纯法折合成含量100%来计算其总量，将各种不同发热量的能源统一折合成29.3千焦/千克的标准煤单位计算其总量等。

④复合单位是将两种计量单位有机结合在一起以乘积来表示现象数量的一种计量单位，比如货物周转量用"吨公里"来表示，旅客运送量用"人次"来表示，发电量用"千瓦小时"来表示：2009年全国货物运输周转量121 211.3亿吨公里、铁路客运周转量7 878.9亿人公里。

⑤双重单位是将两种计量单位以"/"分隔来分别表示现象数量一种计量单位。统计中为了准确地反映某些事物的具体数量和相应的效能，如汽车用发动机的计量单位"台"和"千瓦"，以"台/千瓦"表示；拖拉机以"台/马力"为单位。其数值是两个总量指标数值分别用"/"分开，不是计算比值。

2）**价值指标是用货币单位计量的总量指标。** 货币单位是用货币"元"来度量社会劳动成果或劳动消耗的计量单位，比如国内生产总值、社会商品零售额、产品成本等，都是以"元"或扩大为"万元"、"亿元"来计量的。

价值指标具有广泛的综合性和概括性。它能将不能直接相加的产品数量过渡到能够相加，比如具有不同使用价值的产品产量或销售量不能相加，但产品产值或销售额可以相加。价值指标广泛应用于统计研究、计划管理和经济核算之中。价值指标也有其局限性，综合的价值量容易掩盖具体的物质内容，比较抽象。因此，在实际工作中应注意把价值指标与实物指标结合起来使用，以便全面认识客观事物。

3）**劳动量指标是用劳动量单位计量的总量指标。** 劳动量单位是用劳动时间表示的计量单位，如"工日"、"工时"等。1个工时是指一个职工做一个小时的工作，1个工日通常指一个职工做8小时的工作。例如工厂考核职工出勤情况，每天要登记出勤人数，把一个月的出勤人数汇总就不能用"人"来计量而应用"工日"来计算；又如工厂实行计件工资制，要对每个零部件在每道工序上都规定劳动定额，假设某零件规定1小时生产60件，如果每一件就是一个定额工分，某工人一天生产600件，即生产的产品为600定额工分，即10个定额工时。由于各企业的定额水平不同，劳动量指标往往只限于企业内部的业务核算。

三、总量指标的计算方法

1. 直接计算法

直接计算法是对研究对象用直接的计量、点数和测量等方法，登记各单位的具体数值加以汇总，得到总量指标。统计报表或普查中的总量资料，基本上都是用直接计算法得到的。

2. 间接推算法

> **温馨提示**
>
> 在计算和应用总量指标时，注意要明确规定每项指标的含义和范围，统一计算口径；在计算实物指标的总量时，只有同质现象才能计算；确定每项指标的计量单位时，应与国家统一规定的计量单位保持一致。

间接推算法是指在总量指标不能直接计算或不必直接计算的条件下，根据有关资料进行推算或估算。它是利用社会经济现象之间的平衡关系、因果关系、比例关系或利用非全面调查资料进行推算总量的方法，例如利用样本资料推断某种农产品的产量，利用平衡关系推算某种商品的库存量等。

试一试

如果要统计本课堂学生的出勤人数，请你说说用什么方法能得到真实、准确的数据。

课堂训练

一、训练要求

由学生独立完成，也可由小组进行讨论后合作完成。

二、训练内容

（1）判断下列总量指标的种类，并将其题号写在表 5-1 和表 5-2 所属类别中。

表 5-1 总量指标的分类 1

指　　标		时 点 指 标	时 期 指 标
①利润总额	②银行存款余额		
③生猪存栏数	④出勤工时数		
⑤固定资产投资总额	⑥库存量		
⑦粮食总产量	⑧财务费用		

表 5-2 总量指标的分类 2

指　　标		实物指标	价值指标	劳动量指标
①利润总额	②银行存款余额			
③生猪存栏数	④出勤工时数			
⑤固定资产投资总额	⑥库存量			
⑦粮食总产量	⑧财务费用			

（2）某企业参加为期三天的展销会，准备了 500 份产品，在展销结束时余下 25 份产品，试问展销会共销售了多少份产品？假定每份产品销价 380 元，进价 300 元，那么该企业本次展销会实现的销售额是多少？毛利是多少？

三、训练评价

根据课堂训练的内容及评分标准，将各项得分填入表 5-3 中。

表 5-3　总量指标作业评价表

各项分值及评分标准	自评分 / 分	小组评分 / 分	教师评分 / 分
1. ①填表 5-1（30 分）			
②填表 5-2（30 分）			
2. 计算（40 分）			
各栏合计 / 分			
实际得分 / 分			

注：实际得分 = 自评分 ×30% + 小组评分 ×30% + 教师评分 ×40%。

任务二　掌握相对指标的运用

任务要求

1. 理解相对指标的含义和作用
2. 熟悉相对指标的计量单位
3. 掌握相对指标的种类及其计算方法

知识储备

在《2009 年国民经济和社会发展情况公报》中，采用了大量的总量指标，如全年国内生产总值 335 353 亿元，全年粮食产量 53 082 万吨，年末全国总人口为 133 474 万人，互联网上网人数 3.8 亿人，其中宽带上网人数 3.5 亿人等，但这些指标只反映了现象的总规模、总水平和工作总量，不能反映现象发展的好坏、快慢等内容，存在一定的局限性。

通过把两个有联系的指标进行对比（相除），即得到相对指标，就能更进一步反映现象的特征，例如全年国内生产总值比上年增长 8.7%；全年粮食产量比上年增产 0.4%；互联网普及率达到 28.9%。

一、相对指标的概念与作用

相对指标又称相对数，是两个有联系的统计指标对比而得到的比率。相对指标用于反映现象的发展程度、结构、强度、普遍程度或比例关系等，其一般计算方法如下

$$相对指标 = \frac{子项指标（比数）}{母项指标（基数）}$$

例如在校学生中男生人数的比重、男生与女生人数的比例、生产计划的完成程度、电话普及率、物价变动幅度等。

利用相对指标，可将总量指标不能对比的问题变为可比，为评价总量指标的优劣提供了依据；相对指标又为人们深入认识事物的发展与质量状况提供了客观的依据。

二、相对指标的计量单位

相对指标数值的计量单位可分为有名数和无名数两种。

1. 有名数

由于计算相对指标时，分子分母的计量单位不同，其计算结果就需要保留分子分母两个计量单位，有名数单位突出地反映出形成相对指标的分子与分母的关系，例如人口密度使用"人/平方公里"、电话普及率使用"部/百户"等。

2. 无名数

多数相对指标都表现为无名数。由于计算相对指标时，分子分母的计量单位相同，其计算结果中的两个计量单位被抵销掉。无名数是一种抽象化的数值，常以倍数、系数、成数、百分数、千分数等形式表示。

倍数和系数是将对比的基数抽象化为1。相对指标的分子与分母相差不大时常用系数，分子比分母大很多时常用倍数，比如材料消耗系数0.3、2008年我国粮食产量比1949年增长3.7倍。成数是将对比的基数抽象化为10，例如反映农产品的变化时常用粮食产量增加一成，即增产1/10。百分数是将对比的基数抽象化为100，它是最常用的表现形式，比如私人汽车保有量增长25.0%。千分数是将对比的基数抽象化为1 000。当对比的分子比分母小很多时，宜用千分数表示，比如全年人口自然增长率为5.05‰。

三、相对指标的种类及其计算方法

相对指标按用来对比的分子和分母不同，可划分为以下六种：计划完成情况相对指标、结构相对指标、比例相对指标、比较相对指标、强度相对指标和动态相对指标。每种相对指标都能反映某一方面的情况，其作用各不同。

1. 计划完成情况相对指标

计划完成情况相对指标（即计划完成相对数）是指某现象在某一段时间内的实际完成数与计划规定完成数之比，一般用百分数（%）表示。

$$计划完成相对数 = \frac{实际完成数}{计划完成数} \times 100\%$$

计划完成相对数公式的子项是计划执行结果的实际完成数，母项是计划规定完成的任务数。子项指标与母项指标的含义、计算口径、计算方法、计量单位等必须完全一致，并且其位置不能交换。

计划完成相对数可以检查计划完成情况，便于发现问题，采取措施，确保按时完成和超额完成计划。

计划完成相对数又分为计划完成程度指标和计划完成进度指标两个具体指标。

（1）计划完成程度指标用于检查计划执行结果，其计算公式如下：

$$计划完成程度 = \frac{本期实际完成数}{本期计划数} \times 100\%$$

在下达本期计划任务时，计划数的形式可以是绝对数，也可以是相对数和平均数。进行对比时，实际完成数与计划数的形式要一致，而且指标所属时期也要一致。

1）计划数为绝对数时，实际完成数也应为绝对数。

【例5-1】某公司10月份的销售额计划为50万元，实际执行结果完成54万元，则

$$计划完成程度 = \frac{54}{50} \times 100\% = 108\%$$

计算结果表明，该企业10月份的产值超额完成计划8%（108%−1=8%）。

2）计划数为相对数时，实际完成数也应为相对数。

【例5-2】某公司生产甲产品，本年度计划单位成本降低6%，实际降低7.6%，则

$$计划完成程度 = \frac{1 - 7.6\%}{1 - 6\%} \times 100\% = 98.3\%$$

计算结果表明，成本降低率比计划多完成1.7%（1−98.3%=1.7%）。

当计划数为相对数时，计算其计划完成程度指标，不能直接用实际提高（或降低）百分比与计划提高（或降低）百分比进行对比，如上例 $\frac{7.6\%}{6\%}$，而应包含原有基数"1（或100%）"在内再对比。比如计划提高5%，实际提高7%，则计划完成程度 $= \frac{1 + 7\%}{1 + 5\%}$。计算计划降低百分比时，应按【例5-2】的方法计算。

3）对于计划完成程度指标的计算结果，要根据实际情况进行评价。如果是越大越好的现象，如产值、销售额、劳动生产率等，其计划完成程度大于100%为超额完成计划，等于100%为完成计划，小于100%为未完成计划；如果是越小越好的现象，如费用、成本、原材料消耗等，其计划完成程度小于100%为超额完成计划，等于100%为完成计划，大于100%为未完成计划。

（2）计划完成进度指标用于检查计划执行过程，考核计划执行的均衡性。其计算公式如下：

$$计划完成程度 = \frac{本期累计实际完成数}{全期计划数} \times 100\%$$

其中，分母是全期计划数，分子是期初至本期累计实际完成数，两者的时间不一致。计算实例见表5-4。

表 5-4 润祥公司商品销售额的计划完成情况

季 度	计划数/万元	实际完成数/万元	计划完成程度（%）	实际累计产值/万元	计划完成进度（%）
第一季度	75	80	107	80	20
第二季度	102	100	98	180	45
第三季度	110	120	109	300	75
第四季度	113	140	124	440	110
合 计	400	440	110	—	—

对于计划完成进度指标的评价：在企业生产经营均衡的前提下，一般以"时间过半、任务过半"来确定完成进度计划的好坏。第一季度到第四季度，应分别完成计划进度为25%、50%、75% 和 100%。对于生产经营非均衡的企业，则按其生产经营的变化规律来判断。例如企业的生产经营有明显的周期性变化，可以与上年同期计划完成进度进行比较。

试一试

- 根据表 5-4，判断该企业生产经营是否均衡？依据是什么？
- 试分析各季度的计划完成程度和完成进度情况。

2. 结构相对指标

结构相对指标（即结构相对数）是指在统计分组基础上总体中各个组成部分的数值与总体全部数值之比，它说明总体中各部分所占的比重。通常用百分数表示，其计算公式如下：

$$结构相对数 = \frac{总体中某一部分的数值}{总体的全部数值} \times 100\%$$

在同一总体中，各组成部分的结构相对数之和必须等于 100% 或 1。

【例 5-3】2009 年全国总人口数为 133 474 万人，其中男性人口数为 68 652 万人，女性人口数为 64 822 万人。试计算全国男性人口和女性人口所占总数人口数的比重。

$$全国男性人口所占比重 = \frac{68\,652}{133\,474} \times 100\% \approx 51.43\%$$

$$全国女性人口所占比重 = \frac{68\,822}{133\,474} \times 100\% \approx 48.57\%$$

应用结构相对数能揭示现象总体结构的特征，将不同时间的指标连续观察，可反映事物内部构成的变化过程和趋势。

议一议

2009 年全国农村居民家庭恩格尔系数（即居民家庭食品消费支出占家庭消费总支出的比重）为 41.0%，城镇居民家庭恩格尔系数为 36.5%；全国人口老龄化（60 岁及以上）程度为 12.5%，年末城镇登记失业率为 4.3%。以上"结构相对数"是如何计算的？

3. 比例相对指标

比例相对指标（即比例相对数）是指总体中的一部分指标数值与另一部分指标数值之比，其计算公式为

$$比例相对数=\frac{总体中某一部分的数值}{总体中另一部分数值}\times100\%$$

【例5-4】计算2009年全国男女性别比。

$$男性人口数:女性人口数=68\,652:64\,822$$

$$\approx106:100（或1.06:1）$$

【例5-5】计算2009年全国城乡人口数量比。

$$城市人口数:乡镇人口数=62\,186:71\,288$$

$$\approx87:100（或0.87:1）$$

【例5-6】计算2009年全国进出口贸易额比。

$$出口额:进口额=12\,017:10\,056$$

$$\approx120:100（或1.2:1）$$

在对比时，比例相对数的分子与分母可以互换。比例相对数可反映总体现象内部各部分之间的比例关系，为分析研究总体中各部分之间的比例关系是否协调合理提供依据。

4. 比较相对指标

比较相对指标（即比较相对数）是同一时期内，某种同类现象的指标数值在不同地区、部门、单位之间进行对比，其计算公式为

$$比较相对数=\frac{甲地区（部门、单位）某一指标数值}{乙地区（部门、单位）同类指标数值}$$

比较相对数所对比的指标可以是绝对数，也可以是相对数和平均数。根据研究问题的目的和要求不同，比较相对指标的分子和分母可以互换。

比较相对数可以说明同一时期内某同类现象在不同地区、部门和单位之间的差异。计算实例如表5-5所示。

表5-5　2009年武汉与上海相关指标的比较

指　　标	武　　汉	上　　海	武汉/上海
全年地区生产总值/亿元	4 560.62	14 900.93	0.31
年末全市常住人口/万人	910.00	1 921.32	0.47
全年城市居民人均可支配收入/元	18 385.02	28 838.00	0.64
人均住房建筑面积/平方米	30.88	34.00	0.91
每百户拥有电脑/台	69.20	123.00	0.56

5. 强度相对指标

强度相对指标（即强度相对数）是同一时期两个性质不同而又有联系的总量指标之比，用来反映现象的强度、密度和普遍程度、利用程度，比如电话普及率、电视综合人口覆盖率、人口密度、人均钢产量等。强度相对数的计量单位表现为有名数和无名数两种，其计算公式为

$$强度相对数=\frac{某一总量指标数值}{另一有联系而性质不同的总量指标数值}$$

【例5-7】武汉市2009年年末移动电话用户1037万户，户籍人口835.55万人，则

$$移动电话普及率=\frac{1037}{835.55}\times100\approx124（部/百人）$$

强度相对指标所对比的分子与分母可以互换，从而形成了正指标和逆指标两种形式。如果分子分母对比的比值越大，表明现象的强度、密度和普及程度越大，则为正指标；分子分母对比的比值越小，表明现象的强度、密度和普及程度越大，则为逆指标。

【例5-8】2009年年末全国总人口为133 474万人，国土面积960万平方公里，则

$$人口密度（正指标）=\frac{133\,474}{960}\approx139（人/平方公里）$$

$$人口密度（逆指标）=\frac{9\,600\,000}{133\,474}\approx71.92（平方公里/万人）$$

强度相对指标能反映社会现象的分布密度、强度和普及程度，是反映一个国家和地区的经济实力或社会服务普及程度、考核经济效益的重要指标。

6. 动态相对指标

动态相对指标（即动态相对数）也称发展速度，是某种现象在不同时期内的同类指标数值之比。通常把用来作为比较基础的时期称为“基期”，与基期比较的时期称为“报告期”，其计算公式为

$$动态相对数=\frac{报告期指标数值}{基期指标数值}\times100\%$$

【例5-9】某地区2008年棉花产量750万吨，2009年棉花产量640万吨，则

$$动态相对数（发展速度）=\frac{640}{750}\times100\%\approx85.3\%$$

$$85.3\%-100\%=-14.7\%$$

计算结果表明，2009年棉花产量比2008年减产14.7%。

【例5-10】某地区2008年油料产量2950万吨，2009年油料产量3 100万吨，则

$$动态相对数（发展速度）=\frac{3\,100}{2\,950}\times100\%\approx105.1\%$$

$$105.1\%-100\%\approx5.1\%$$

计算结果表明，2009年油料产量比2008年增长5.1%。

动态相对数主要用来说明现象在时间上的发展变化情况。基期的选择要根据统计研究目的来确定。通常以前期或上年同期为基期，也可以选择历史上某一重要时期或历史上最好水平的时期为基期。

温馨提示

相对指标的应用原则

计算和运用相对指标时，注意要正确选择对比基数；保持分子、分母的可比性（在经济内容、统计范围、计算方法、计算价格、所属时间等方面）；综合运用多种相对指标；将相对指标与总量指标结合运用。

 **课堂训练**

一、训练要求

独立完成或先进行小组交流，再协作完成。

二、训练内容

完成下列表中空白部分，回答问题。

1．新华工业公司下属三个工厂，全年的产量资料见表5-6，计算表中所缺数字，并指出各指标类型。

表5-6 新华工业公司三个厂全年的产量情况

厂 名	计 划 产 量		实 际 产 量		计划完成程度（%）	去年同期产量/万辆	本年实际产量为去年的比例（%）
	产量/万辆	占总产量比重（%）	产量/万辆	为一厂产量的比例（%）			
（甲）	（1）	（2）	（3）	（4）	（5）	（6）	（7）
一厂	100		105			90	
二厂	150		148			143	
三厂	250		260			245	
合 计				—			
指标类型							

2．阅读《见证新中国60年辉煌成就》资料，指出哪些属于相对指标及相对指标的种类。

（1）经济总量增加77倍，位次跃升至世界第三位。GDP年均增长8.1%由低收入国家跃升至中等偏下收入国家。

（2）城乡居民储蓄增加2.5万倍，人民生活由贫困迈上总体小康。

（3）财政收入增长985倍，有效提高了政府宏观调控能力。

（4）粮食产量增长3.7倍，不仅解决了吃饭问题而且支撑着工业化进程。

（5）粗钢年产从16万吨到5亿吨，成为世界制造业大国。

（6）对外贸易增长2 266倍，从封闭半封闭走向全方位开放。

（7）城镇化率从10.6%提高到45.7%，走向城乡统筹协调发展。

（8）文盲率降至6.67%，教育普及程度接近中等收入国家平均水平。

（9）研发经费已占GDP1.52%，重大科技成果不断涌现。

（10）居民平均预期寿命由35岁提高到73岁，公共卫生体系初步建立。

三、训练评价

根据课堂训练的完成情况，参照评分标准进行评分，将各项得分填入表5-7中。

表5-7 相对指标学习评价表

各项分值及评分标准	自评分/分	小组评分/分	教师评分/分
计算（36分，每空2分）			
指标类型（14分，每空2分）			
相对指标种类（50分，每空5分）			
各栏合计/分			
实际得分/分			

注：实际得分 = 自评分×30%+小组评分×30%+教师评分×40%。

任务三 掌握平均指标的运用

任务要求

1. 理解平均指标的含义和作用
2. 掌握平均指标的种类及其计算方法

知识储备

在现实社会经济生活中，平均指标应用得比较普遍，比如考试平均成绩、职工平均工资、居民人均居住面积、国民人均预期寿命等。假设本班级"统计"课程期中考试，在计算出总分的同时，还计算出平均成绩80分，那么，平均成绩80分是如何计算的？这个平均指标能用来说明什么问题？

一、平均指标的含义与作用

平均指标是表明同质总体各单位某一数量标志值的一般水平或代表性水平的指标。例如2009年武汉市居民人均预期寿命78岁，城市居民人均住房建筑面积30.88平方米，农村农民人均居住面积47.68平方米。平均指标把总体各单位标志值的差异抽象化了，是总体各单位标志值的一般水平的代表值，反映总体各单位标志值分布的集中趋势。

平均指标可消除因总体范围不同而产生的总体数量差异，使不同总体具有可比性。平均指标可说明现象总体发展变化的集中趋势，分析社会经济现象之间的依存关系。

二、平均指标的种类及其计算方法

平均指标按计算方法不同，分为算术平均数、调和平均数、几何平均数、中位数和众数五种。其中，算术平均数、调和平均数和几何平均数是数值平均数，中位数和众数是位置平均数，如图5-1所示。

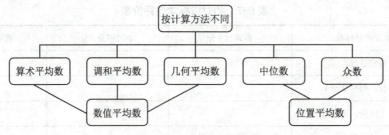

图 5-1 平均指标的种类

1. 算术平均数（$\bar{x}$）

算术平均数是指同一总体中总体标志总量除以总体单位总量而得到的平均数。它是平均数中最常用的计算方法，其基本公式为

$$算术平局数=\frac{总体标志总量}{总体单位总量}$$

以上公式中，分子与分母在内容上有着一一对应的关系，即分子数值是分母各单位某一数量标志值的总和，两者在总体范围上是一致的，这也是平均数和强度相对数区别的关键。

由于掌握的资料不同，算术平均数可分为简单算术平均数和加权算术平均数两种。

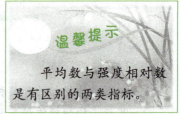

温馨提示

平均数与强度相对数是有区别的两类指标。

（1）简单算术平均数。这种方法适合于未分组资料。计算时，将总体各单位标志值直接相加得到的总体标志总量除以总体单位数即可求得。

【例5-11】某班组7人某月销售额分别为40、38、40、50、40、50和40万元，计算该月人均销售额。

计算公式为

$$\bar{x}=\frac{x_1+x_2+x_3+\cdots+x_n}{n}=\frac{\sum x}{n}$$

式中　$\bar{x}$——算术平均数；

　　　x——各个标志值；

　　　n——总体单位数；

　　　$\sum$——求和符号。

根据计算公式可得该月人均销售额 $\bar{x}=\dfrac{40+38+40+50+40+50+40}{7}=42.57$（万元/人）

试一试

你能在 Excel 中找到 AVERAGE 函数，将上述资料在 Excel 中完成平均数的计算操作吗？

（2）加权算术平均数。如果掌握的资料是经过分组整理形成的变量数列，则可用加权算术平均数计算。计算时将各组变量值分别与其次数相乘后加总求得的标志总量，再除以总体单位数（即次数总和）而求的。其基本公式为

$$\bar{x}=\frac{x_1f_1+x_2f_2+x_3f_3+\cdots+x_nf_n}{f_1+f_2+f_3+\cdots+x_nf_n}=\frac{\sum xf}{\sum f}$$

式中 *xf*——各组标志总量；

  f——各组单位数或权数。

1）由单项式数列计算算术平均数。

【例5-12】整理【例5-11】的数据，得到如下单项式数列，见表5-8。试计算人均销售额。

表5-8 某班组某月销售额资料

按销售额分组 / 万元	人数 / 人
38	1
40	4
50	2
合　计	7

根据加权算术平均数计算公式，可得表5-9。

表5-9 某班组某月人均销售额计算表

按销售额分组 / 万元	人数 / 人	总销售额 / 万元
x	*f*	*xf*
38	1	38
40	4	160
50	2	100
合　计	7	298

计算人均销售额：$\bar{x}=\dfrac{\sum xf}{\sum f}=\dfrac{298}{7}=42.57$（万元 / 人）

【例5-13】若将表5-8进行再整理，得到表5-10，请根据资料计算人均销售额。

表5-10 某班组某月销售额资料

按销售额分组 / 万元	人数比重（%）
38	14.3
40	57.1
50	28.6
合　计	100.0

根据加权算术平均数计算公式，同理可以得到表5-11的结果。

表5-11 某班组某月人均销售额计算表

按销售额分组 / 万元	人数比重（%）	各权重的销售额 / 万元
x	$\dfrac{f}{\sum f}$	$x\cdot\dfrac{f}{\sum f}$
38	14.3	5.43
40	57.1	22.84
50	28.6	14.30
合　计	100.0	42.57

最后得出当月人均销售额：$\bar{x}=\sum x\cdot\dfrac{f}{\sum f}=38\times14.3+40\times57.1+50\times28.6=42.57$（万元 / 人）

从上述计算中可看出，算术平均数的大小不仅取决于各组变量值的大小，同时也决定于各组单位数（f），即各组变量值的个数多少。哪一组变量值出现次数多，平均数受该组的影响就较大；反之，次数少，对平均数影响就小。在变量值一定的情况下，次数对平均数大小起着权衡轻重的作用，所以次数也称为权数。

变量数列的权数有两种形式。一种是用绝对数表示的，称为次数或频数；另一种是以比重表示的，称为频率。同一总体资料，用这两种权数所计算的结果完全相同。

2）由组距式数列计算算术平均数。假定各单位标志值的分布在组内是均匀的，通常以组中值作为各组标志值的代表值，再进行平均数的计算。

【例5-14】将某包装车间某日生产情况资料进行整理，得到如下组距式数列，见表5-12。试计算该包装车间人均日包装量。

表5-12 某包装车间某日生产情况资料

日包装量／件	工人数／人	比重（%）
400 以下	5	8.3
400～500	13	21.7
500～600	18	30.0
600～700	15	25.0
700～800	7	11.7
800 以上	2	3.3
合　计	60	100.0

根据以上资料，进行整理得到表5-13的结果。

表5-13 某包装车间某日人均包装量计算表

日包装量／件	组中值 x	工人数／人 f	各组权重（%） $f/\sum f$	各组日包装量／件 $x\cdot f$	各权重日包装量／件 $x\cdot\dfrac{f}{\sum f}$
400 以下	350	5	8.3	1 750	29.05
400～500	450	13	21.7	5 850	97.65
500～600	550	18	30.0	9 900	165.00
600～700	650	15	25.0	9 750	162.50
700～800	750	7	11.7	5 250	87.75
800 以上	850	2	3.3	1 700	28.05
合　计	—	60	100.0	34 200	570.00

由平均数公式可以计算出该车间某日人均包装量：$\bar{x}=\dfrac{\sum xf}{\sum f}=\dfrac{34\,200}{60}=570$（件／人）

▶ 试一试

请将表5-12资料前两栏输入到 Excel 表格中，完成表5-13的计算操作。

或者　$\bar{x}=\sum x \cdot \dfrac{f}{\sum f}=29.05+97.65+165.00+162.50+87.75+28.05=570.00$（件 / 人）

算术平均数是根据一组数据中的所有数值计算得到的，比较可靠和稳定，因而应用最为广泛，但计算较繁琐，并且易受极端数据的影响。

2.　调和平均数（$\bar{x}_h$）

调和平均数是总体各单位标志值倒数的算术平均数的倒数。在实际工作中，有时由于资料原因不能直接计算算术平均数，可采用调和平均数的形式间接计算，其计算结果与算术平均数完全相同。调和平均数分为简单调和平均数和加权调和平均数。

（1）简单调和平均数。如果掌握的资料是未分组资料，则用简单调和平均数，其计算公式为

$$\bar{x}_h=\dfrac{1+1+1+\cdots+1}{\dfrac{1}{x_1}+\dfrac{1}{x_2}+\dfrac{1}{x_3}+\cdots+\dfrac{1}{x_n}}=\dfrac{n}{\sum \dfrac{1}{x}}$$

式中　$\bar{x}_h$——调和平均数；

　　　n——标志总量。

【例5-15】某集贸市场小白菜的售价：早市每千克2元，中市每千克1.5元，晚市每千克1元，若早、中、晚各买1元，平均价格是多少？

根据简单调和平均数计算公式，可得：

早、中、晚各买1元小白菜的平均价格：$\bar{x}=\dfrac{n}{\sum \dfrac{1}{x}}=\dfrac{1+1+1}{\dfrac{1}{2}+\dfrac{1}{1.5}+\dfrac{1}{1}}=\dfrac{3}{2.2}=1.36$（元）

例中，已知单价（2元、1.5元、1元）为变量值，已知销售额（1元+1元+1元）为标志值总量，而缺乏销售量即总体单位数资料，要求平均单价，则不能直接用算术平均数方法而只能用调和平均数方法间接求得。

> ▶ **试一试**
>
> 请查一查HARMEAN的函数名是什么？你能在Excel中完成【例5-15】的计算吗？

（2）加权调和平均数。如果掌握的资料是已分组资料，则用加权调和平均数，其计算公式为

$$\bar{x}_h=\dfrac{m_1+m_2+m_3+\cdots+m_n}{\dfrac{m_1}{x_1}+\dfrac{m_2}{x_2}+\dfrac{m_3}{x_3}+\cdots+\dfrac{m_n}{x_n}}=\dfrac{\sum m}{\sum \dfrac{m}{x}}$$

式中　$\bar{x}_h$——调和平均数；

　　　m——标志总量（$m=xf$）。

【例5-16】根据表5-14中某商品平均价格资料，计算该商品的加权调和平均数。

表 5-14　某商品平均价格计算表

等　级	价格 /（元 / 千克） x	销售额 / 元 m	销售量 / 千克 m/x
一级	3.00	90 000	30 000
二级	2.50	100 000	40 000
三级	2.00	40 000	20 000
合　计	—	230 000	90 000

根据加权调和平均数和上述资料，可得：

某商品的平均价格：$\bar{x}_h = \dfrac{\sum m}{\sum \dfrac{m}{x}} = \dfrac{90\,000 + 100\,000 + 40\,000}{\dfrac{90\,000}{3.00} + \dfrac{100\,000}{2.50} + \dfrac{40\,000}{2.00}} = \dfrac{230\,000}{90\,000} = 2.56$（元 / 千克）

加权调和平均数是加权算术平均数的变形。加权调和平均数主要是用来解决在缺乏总体单位数（频数），只有每组的变量值总量资料的情况下，计算平均数的一种方法。在这里，加权调和平均数与加权算术平均数在实质上是相同的，仅有形式上的区别。

算术平均数与调和平均数的比较见表 5-15。

表 5-15　算术平均数与调和平均数的比较

选　用　条　件	运　用　方　法
已知 x、f，计算 xf，求 $\bar{x}$	算术平均数　$\bar{x} = \dfrac{\sum xf}{\sum f}$
已知 x、m（$m = xf$），计算 $\dfrac{m}{x}$，求 $\bar{x}_h$	调和平均数　$\bar{x}_h = \dfrac{\sum m}{\sum \dfrac{m}{x}}$

3. 几何平均数（G）

几何平均数是指 n 个标志值的连乘积的 n 次方根。它适用于反映特定现象的平均水平，即现象的总体标志值总量是各单位标志值的连乘积的情形。在 Excel 中，几何平均数可用函数 GEOMEAN 计算。

几何平均法是 n 个标志值连乘积的 n 次方根。设一组数据为 x_1，x_2，…，x_n，且大于 0，则

$$G = \sqrt[n]{x_1 \cdot x_2 \cdot \cdots \cdot x_n} = \sqrt[n]{\prod_{i=1}^{n} x_i}$$

【例 5-17】某产品要经过两道工序加工，第一道工序合格率是 90%，第二道工序合格率是 98%，则该产品的平均合格率是多少？

$$平均合格率 = \sqrt{90\% \times 98\%} \approx 93.9\%$$

【例 5-18】某地储蓄年利率（按复利计算）：5% 持续 1.5 年，3% 持续 2.5 年，2.2% 持续 1 年，那么 5 年内该地储蓄平均年利率是多少？

根据加权几何平均数计算公式，可得：

$$G = \sqrt[1.5+2.5+1]{1.05^{1.5} \times 1.03^{2.5} \times 1.022^1} \times 100\%$$
$$= \sqrt[5]{1.183935} \times 100\% = 103.43\%$$

则 5 年内该地储蓄平均年利率为 3.43%

4．中位数（M_e）

将总体现象中各单位某一标志值按大小顺序排列，居于中间位置的那个标志值就是中位数。中位数居于所有数据的中间位置，所研究的数据中有一半小于中位数，一半大于中位数。所以，中位数是一种最典型的位置平均数，又称二分位数。当数列中出现了大小非常极端的变量值时，用中位数作为代表值比用算术平均数更具代表性。中位数的函数名为 MEDIAN

中位数的确定方法有三种。

（1）根据未分组资料确定中位数，首先将某个标志值按大小顺序加以排列，然后用公式确定中位数的位置，再根据确定的位置找出或计算出中位数的数值。中点位置确定的公式为

$$中位数位置 = \frac{n+1}{2}$$

式中　n——总体单位数。

1）如果总体单位数是奇数，则居于中间位置所对应的标志值就是中位数。

【例 5-19】某柜组的五位营业员的日销售量（件）顺序排列为 20，24，25，29，30。

$$中位数位置 = \frac{n+1}{2} = \frac{5+1}{2} = 3 （位）$$

则第 3 位营业员的日销售量 25 件即为中位数。

2）如果总体单位数是偶数，则居于中间位置的两个标志值的算术平均数是中位数。

【例 5-20】某柜组有六位营业员，他们的日销售量（件）顺序排列为 20，24，25，27，29，30。

$$中位数位置 = \frac{n+1}{2} = \frac{6+1}{2} = 3.5 （位）$$

这表明中位数是第 3 位和第 4 位营业员日销售量的算术平均数，即

$$日销售量的中位数 M_e = \frac{25+27}{2} = 26 （件）$$

（2）根据单项数列确定中位数可按下列步骤计算：

1）求出中位数位置 $= \dfrac{\sum f}{2}$（$\sum f$ 为总体单位数之和）。

2）计算各组累计次数（向上累计或向下累计）。

3）根据中位数位置找出中位数。

【例 5-21】在一次学生田径运动会上，参加男子跳高的 20 名运动员的成绩见表 5-16。

表 5-16　运动员成绩表

成绩/米	1.50	1.55	1.60	1.65	1.70	1.75	1.80	1.85	1.90
人　数	1	1	3	2	6	4	1	1	1

解：

1）计算中位数位置 $= \dfrac{\sum f}{2} = \dfrac{20}{2} = 10$（位）。

2）计算各组累计次数见表 5-17。

3）观察表5-17，排在第10位的运动员都在1.70米所在组，因此确定中位数是1.70米。

表5-17　运动员成绩表计算表

成绩/米	人　数	向 上 累 计	向 下 累 计
1.50	1	1	20
1.55	1	2	19
1.60	3	5	18
1.65	2	7	15
1.70	6	13	13
1.75	4	17	7
1.80	1	18	3
1.85	1	19	2
1.90	1	20	1

（3）根据组距数列确定中位数的方法将在本项目的"知识拓展"中进行介绍。

议一议

　　"平均数"有时让人心里不大踏实。曾有这样一首打油诗："张村有个张千万，隔壁九个穷光蛋，平均起来算一算，人人都是张百万。"

　　本例结论是用算术平均数计算的平均数，明显掩盖了事实真相。恰当地选择平均数的计算方法显得非常重要，那么张村的个人财产平均数如何计算更合适呢？

5. 众数 M_0

　　众数是指总体中出现次数最多的标志值，它能直接说明客观现象分布的集中趋势。众数的函数名为 MODE。在实际工作中，有时利用众数代替算术平均数来说明社会经济现象的一般水平。例如集贸市场上某种商品的价格一天可能有几次变化，通常用众数，即成交量最多的那一个价格，作为平均价格。日常生活中诸如"最佳"、"最受欢迎"、"最满意"等表述都与众数有关系，它反映了一种最普遍的倾向。

　　由众数的含义可看出：众数存在的条件就是总体单位数较多，且标志值的次数有明显的集中趋势。如果总体单位数很少，尽管次数分配较集中，也无所谓众数。

　　众数有两种确定方法。

　　（1）单项数列的确定方法。这种方法不需要任何计算，只要观察分布数列，出现次数最多或频率最高的一组标志值就是众数。

【例5-22】某商场某月女式衬衣销售量资料见表5-18，试确定衬衣尺码的一般水平。

表5-18　女式衬衣销售情况

尺码/厘米	销售量/件	比重（%）
80	50	5
85	90	9
90	450	45
95	260	26
100	110	11
105	40	4
合　计	1 000	100

　　从表中观察可知，90厘米的女式衬衣销售量450件为最多，占销售总量的45%，因而90厘米这一尺码为众数。

（2）组距数列的确定方法将在本项目"知识拓展"中进行介绍。

课堂训练

一、训练要求

根据资料，选用适当方法独立完成计算平均数。

二、训练内容

（1）某地甲、乙两个农贸市场三种主要蔬菜价格及销售额资料见表 5-19。

表 5-19　某地甲、乙两个农贸市场蔬菜价格及销售额

品　　种	价格 /（元 / 千克）	销售额 / 万元	
		甲 市 场	乙 市 场
甲	3.0	75.0	37.5
乙	4.0	40.0	80.0
丙	3.6	45.0	45.0

试计算并比较哪个农贸市场蔬菜平均价格高，并说明原因。

（2）甲工厂某产品分三批生产，有关资料为：第一批产品出厂价格为每吨 460 元，占总产量的 20%；第二批产品出厂价格为每吨 420 元，占总产量的 50%；第三批产品出厂价格为每吨 400 元。试根据上述资料计算该产品的平均出厂价格。

（3）生产某产品需连续经过 4 道工序，根据经验，各道工序的合格率分别为 98%、95%、92%、90%，求该产品 4 道工序的平均合格率。（要求用计算器手工计算和使用 Excel 相关函数两种方法计算）

（4）某公司召开职工运动会，跳绳比赛的成绩见表 5-20。

表 5-20　跳绳比赛的成绩

编　号	1	2	3	4	5	6	7	8	9	10
成　绩	106	99	104	120	107	112	33	102	97	100

（1）请用中位数方法求出跳绳的一般水平。

（2）在 Excel 中用相关函数求中位数。

三、训练评价

根据课堂训练的内容和评分标准，将各项得分填入表 5-21 中。

表 5-21　平均指标学习评价表

各项分值及评分标准	自评分 / 分	小组评分 / 分	教师评分 / 分
（1）计算（30 分），说明原因（5 分）			
（2）计算（20 分）			
（3）计算（20 分）			
（4）排序（10 分），求值（15 分）			
各栏合计 / 分			
实际得分 / 分			

注：实际得分 = 自评分 ×30%+ 小组评分 ×30%+ 教师评分 ×40%。

任务四　掌握标志变异指标的运用

任务要求

1. 能阐述标志变异指标的含义和作用
2. 掌握标志变异指标的种类及其计算方法

知识储备

有甲、乙两个培训班，各有10名学员，其年龄（岁）形成的数列见表5-22：

表5-22　甲、乙两个培训班学员年龄

序　号	1	2	3	4	5	6	7	8	9	10
甲　班	19	23	29	35	36	37	44	48	49	60
乙　班	30	37	38	38	38	39	39	40	40	41

根据表中提供的资料，可以计算得到甲、乙两个培训班的平均年龄都是38岁。但两个培训班之间的差异也是客观存在的，平均水平掩盖了总体内部各单位标志值的差异程度。因此，在分析实际问题时，除了要反映总体的一般水平外，还需要把总体内部各单位标志值之间的差异程度反映出来。你能观察出甲、乙两个培训班的差异在哪儿吗？如何具体反映其差异情况？

一、标志变异指标的含义与作用

标志变异指标是反映总体各单位某一数量标志值的差异程度的指标。它反映了研究对象总体的另一个重要数量特征。平均指标反映某一数量标志值的集中趋势，而标志变异指标反映了标志值的离中趋势。只有把两者结合起来分析，认识研究现象的数量特征，才会避免对总体认识上的片面性。

标志变异指标是衡量平均指标代表性大小的尺度，标志变异指标值愈小，平均指标代表性愈大；标志变异指标值愈大，平均指标代表性就愈小。标志变异指标还是研究、认识现象的均衡性、稳定性和节奏性的依据。

二、标志变异指标的种类及其计算方法

1. 全距

全距又称极差，是总体单位中最大标志值与最小标志值之差，一般用 R 表示。其计算公式为

$$R = x_{\max} - x_{\min}$$

【例5-23】五月份1班学生生活费人均支出420元，其中，最高生活费支出800元，最

低生活费支出 300 元。2 班学生生活费人均支出同样是 420 元，其中，最高生活费支出 600 元，最低生活费支出 350 元。试判断两个班级中哪个班级生活费支出均衡些。

解：R_1=800−300=500（元）

$\quad\quad R_2$=600−350=250（元）

计算结果表明：虽然两班级学生生活费人均支出都是 420 元，但 1 班学生生活费支出的全距是 500 元，2 班学生生活费支出的全距是 250 元。显然 2 班学生生活费支出的差异小些，即相比 1 班均衡一些。全距虽然计算简便，反映了极值的差异，但计算粗略，没有将其他标志值的差异显现出来。

2．标准差

标准差是总体各单位标志值与其平均数离差平方的平均数的算术平方根。它是测量标志变异程度最常用、最主要，也是最合理的指标，在实际工作中应用广泛。

由于掌握的资料不同，标准差的计算分为两种情况。

（1）简单平均法。在资料未分组的条件下，可采用简单平均法计算标准差。其计算公式为

$$\sigma = \sqrt{\frac{\sum(x-\overline{x})^2}{n}}$$

【例 5-24】某售货小组 5 个人某天的销售额分别为 3 440 元、4 480 元、5 520 元、6 000 元和 7 500 元，求该售货小组销售额的平均数和标准差（使用 Excel 软件进行计算，也可以用手工进行计算）。

使用 Excel 计算步骤如下：

解：第一步，将五个销售额数据输入工作表中。

第二步，在工具栏中单击"插入"，在下拉列表中选择"函数"，出现"插入函数"对话框。选择类别：统计；选择函数：AVERAGE（返回其数据的算术平均值），单击"确定"按钮，如图 5-2 所示。

第三步，在"函数参数"对话框中，注意选定范围是否正确。这里为 A1:E1，"计算结果 =5 388"，即 $\overline{x}$ =5 388（元），如图 5-3 所示。

图 5-2　选择统计函数

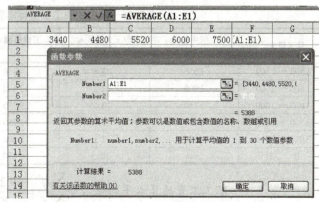

图 5-3　均值的计算

按以上同样操作，在"插入函数"对话框中，选择函数：STDEVP（估计样本总体的标准偏差），单击"确定"按钮，"计算结果 =1376.349"，即标准差 σ =1376.349（元），如图 5-4 所示。

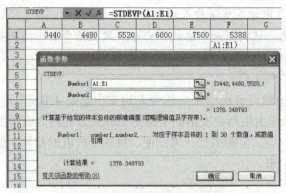

图 5-4　计算样本总体的标准差

（2）加权平均法。在资料分组的条件下，可采用加权平均法计算标准差。加权平均法计算标准差的计算公式为

$$\sigma = \sqrt{\frac{\sum (x - \bar{x})^2 f}{\sum f}}$$

式中　σ——表示标准差；

f——表示权数。

【例 5-25】根据表 5-23 提供的甲企业职工工资资料，计算该企业职业工资的标准差。

表 5-23　某企业职工工资资料

月工资 / 元	职工人数 / 人
1 500 ～ 1 800	3
1 800 ～ 2 000	7
2 000 ～ 2 500	13
2 500 ～ 3 000	5
3 000 ～ 5 000	2
合　　计	30

解：（1）根据加权平均法计算标准差的公式，由手工计算并整理得到表 5-24 的数据。

表 5-24　某企业职工工资标准差计算表

月工资 / 元	组中值 x	职工人数 / 人 f	工资总额 / 元 xf	离差 $x - \bar{x}$	$(x - \bar{x})^2 f$
1 500 ～ 1 800	1 650	3	4 950	−658.33	1 300 195.17
1 800 ～ 2 000	1 900	7	13 300	−408.33	1 167 133.72
2 000 ～ 2 500	2 250	13	29 250	−58.33	44 231.06
2 500 ～ 3 000	2 750	5	13 750	441.67	975 361.94
3 000 ～ 5 000	4 000	2	8 000	1 691.67	5 723 494.78
合　　计	—	30	69 250	—	9 210 416.67

职工工资的算术平均值 $\bar{x} = \dfrac{\sum xf}{\sum f} = \dfrac{69\,250}{30} = 2\,308.33$（元）

根据计算公式，可得其标准差 $\sigma = \sqrt{\dfrac{\sum (x - \bar{x})^2 f}{\sum f}} = \sqrt{\dfrac{9\,210\,416.67}{30}} = 554.09$（元）

（2）运用 Excel 功能计算操作，结果如图 5-5 所示。

	A	B	C	D	E	F	G
1			某企业职工工资标准差计算表				
2	月工资（元）	职工人数（人）f	组中值（元）x	工资总额（元）x	$x-\bar{x}$	$(x-\bar{x})^2 f$	
3	1 500-1 800	3	1 650	4 950	-658.33333	1 300 208.333	
4	1 800-2 000	7	1 900	13 300	-408.33333	1 167 152.778	
5	2 000-2500	13	2 250	29 250	-58.333333	44 236.111 11	
6	2 500-3 000	5	2 750	13 750	441.666667	975 347.2222	
7	3 000-5 000	2	4 000	8 000	1691.66667	5 723 472.222	
8	合计	30		69 250		9 210 416.667	
9	$\bar{x}$	2 308.333					
10			=D8/B8				
11	σ	554.088 3					
12							
13		=SQRT（F8/B8）					
14							

图 5-5 对分组资料运用 Excel 功能计算标准差

操作步骤：

1）在 Excel 上新建一个工作表。

2）在 A1 单元格中输入统计表名称："某企业职工工资标准差计算表"。

3）在 A2 单元格输入主词"月工资（元）"，在 B2，…，F2 单元格中分别输入宾词：职工人数与计算内容：组中值、工资总值（元）、$x-\bar{x}$、$(x-\bar{x})^2 f$。

4）在主词栏输入工资的分组；在"职工人数"栏输入各组人数。此时完成了原始资料的输入。

5）在"组中值"栏填入笔算（心算）的各组的组中值。

6）组工资总额的计算：选定 D3 单元格，输入"=B3*C3"，回车显示为"4950"，再拖动 D3 单元格填充柄到 D7 单元格，完成组工资值总额的计算。

7）工资总额合计的计算：用 Excel 工具栏 ∑ 功能求和或用 Excel 中函数功能：点击 f_x 插入函数，使用 SUM 求和。

8）计算平均数 $\bar{x}$：选定 B9 单元格，输入"=D8/B8"，回车显示 $\bar{x}$ =2 308.333（元）。

9）计算标准差 σ：选定 B11 单元格，插入函数"=SQRT（F8/B8）"，回车显示 σ= 554.0883（元）。

10）本例资料为组距变量数列，故计算平均数 $\bar{x}$ 时必须要自编一定的计算公式，若由单项式变量数列计算统计函数时，Excel 的函数功能可直接求出相关的函数值，不需自编计算公式。

3. 标准差系数

当研究比较两个不同总体的离中趋势时，或由于总体的计量单位不同，或总体的平均水平相差悬殊，就不能用标准差直接进行比较，而要计算其离中趋势的相对指标—— 离散系数。离散系数有几种，常使用的是标准差系数。标准差系数（也称标志变异系数）是标准差与算术平均数之比，其计算公式为

$$V = \frac{\sigma}{\bar{x}} \times 100\%$$

【例5-26】 乙企业职工月平均工资为860元，标准差为230.24元，结合【例5-25】中甲企业资料，试比较两企业平均工资代表性大小。

解： 由于两企业职工平均工资不相等，不能用标准差的大小去判断其平均数的代表性，需要用标准差系数的大小来进行判断。

根据标准差系数计算公式，分别可得：

$$V_乙 = \frac{230.24}{860} \times 100\% = 26.8\%$$

$$V_甲 = \frac{554.09}{2\,308.33} \times 100\% = 24\%$$

从计算结果的比较中可知，甲企业的平均工资标准差系数较小，因而甲企业职工平均工资代表性高于乙企业。

 课堂训练

一、训练要求

（1）小组合作学习完成，也可独立完成。

（2）分别用手工操作和 Excel 操作完成各项计算。

二、训练内容

（1）完成本任务"知识储备"中提出的问题：表5-22中甲乙两个培训班有何差异？如何具体反映其差异情况？

（2）计算分析：2010年甲集团公司所属企业有关资料见表5-25。

表5-25　甲集团公司所属企业资料

按产值分组 / 万元	企业数 / 个
40～60	3
60～80	5
80以上	2
合　计	10

1）试计算甲集团公司所属企业间产值的标准差。

2）如果乙集团公司所属企业平均产值为82万元，企业间产值的标准差为16万元，试比较两个集团公司平均产值的代表性。

三、训练评价

根据课堂训练的内容和评分标准，将各项得分填入表5-26中。

表5-26　标志变异指标学习评价表

各项分值及评分标准	自评分 / 分	小组评分 / 分	教师评分 / 分
回答问题（40分）			
计算产值的标准差（30分）			
比较两个集团公司平均产值的代表性（30分）			
各栏合计 / 分			
实际得分 / 分			

注：实际得分 = 自评分×30%+ 小组评分×30%+ 教师评分×40%。

知识拓展

一、根据组距数列确定中位数

根据组距数列确定中位数的方法比较复杂，可按下列步骤计算：

（1）求中位数位置 $=\dfrac{\sum f}{2}$（$\sum f$ 为总体单位数之和）。

（2）计算各组累计次数（向上累计或向下累计）。

（3）根据中位数位置找出中位数所在组。

（4）假定中位数所在组的标志值分布是均匀的，用插值法公式求出中位数的近似值。

下限公式 $M_e = L + \dfrac{\dfrac{\sum f}{2} - S_{m-1}}{f_m} \times d$

上限公式 $M_e = U - \dfrac{\dfrac{\sum f}{2} - S_{m+1}}{f_m} \times d$

式中　S_{m-1}——（向上累计）中位数所在组前一组的累计次数；

$\quad\quad S_{m+1}$——（向下累计）中位数所在组后一组的累计次数；

$\quad\quad L$——中位数所在组的下限；

$\quad\quad U$——中位数所在组的上限；

$\quad\quad d$——中位数所在组的组距；

$\quad\quad f_m$——中位数所在组的次数。

【例5-27】某企业生产车间有30名职工，5月份的计件工资水平见表5-27。

表5-27　生产车间职工5月份工资

月工资 / 元	职工人数 / 人
1 500～1 800	3
1 800～2 000	7
2 000～2 500	13
2 500～3 000	5
3 000～5 000	2
合　　计	30

试确定该企业生产车间职工 5 月份工资的中位数。

解:

（1）求出中位数位置 $=\dfrac{\sum f}{2}=\dfrac{30}{2}=15$。

（2）计算各组累计次数，整理结果见表 5-28。

表 5-28　生产车间职工 5 月份工资计算表

月工资 / 元	职工人数 / 人	向上累积	向下累积
1 500 ～ 1 800	3	3	30
1 800 ～ 2 000	7	10	27
2 000 ～ 2 500	13	23	20
2 500 ～ 3 000	5	28	7
3 000 ～ 5 000	2	30	2
合　　计	30	—	—

（3）根据累计数据观察，中位数所在组是 2 000 ～ 2 500。

（4）用插值法公式计算出中位数的近似值为 2192.31 元，计算过程如下：

$$M_e=L+\frac{\dfrac{\sum f}{2}-S_{m-1}}{f_m}\times d=2\,000+\frac{15-10}{13}\times(2\,500-2\,000)=2\,192.31（元）$$

$$M_e=U-\frac{\dfrac{\sum f}{2}-S_{m+1}}{f_m}\times d=2\,500-\frac{15-7}{13}\times(2\,500-2\,000)=2\,192.31（元）$$

二、根据组距数列确定众数

根据组距数列确定众数较单项式数列复杂，一般先以次数最多的组来确定众数所在区间，然后再用比例插值法计算众数的近似值，其计算公式为

下限公式　$M_0=L+\dfrac{f-f_{-1}}{(f-f_{-1})+(f-f_{+1})}\times d$

上限公式　$M_0=U-\dfrac{f-f_{+1}}{(f-f_{-1})+(f-f_{+1})}\times d$

式中　f——众数所在组次数；

　　　f_{-1}——众数所在组前一组的次数；

　　　f_{+1}——众数所在组后一组的次数；

　　　L——众数所在组组距的下限；

　　　U——众数所在组组距的上限；

　　　d——组距。

【例 5-28】某企业工人某月加工零件资料见表 5-29。

表 5-29 某企业生产情况表

按加工零件数分组 / 件	工人数 / 人
100 以下	5
100 ～ 120	12
120 ～ 140	20
140 ～ 160	35
160 ～ 180	18
180 以上	10
合　　计	100

试确定该企业工人加工零件数的众数。

解：根据以上资料，可知次数最多的分组是 35 人，对应的组该月加工零件数为 140 ～ 160 件，这一组就是众数所在组。再运用公式计算众数的近似值。

$$M_0 = L + \frac{f - f_{-1}}{(f - f_{-1}) + (f - f_{+1})} \times d = 140 + \frac{35 - 20}{(35 - 20) + (35 - 18)} \times 20 = 149.4（件）$$

$$M_0 = U - \frac{f - f_{+1}}{(f - f_{-1}) + (f - f_{+1})} \times d = 160 - \frac{35 - 18}{(35 - 20) + (35 - 18)} \times 20 = 149.4（件）$$

即该企业工人加工零件数的众数为 149.4 件。

三、平均指标与强度相对指标的区别

平均指标与强度相对指标的区别主要表现在以下两点：

（1）指标的含义不同。强度相对指标说明的是某一现象在另一现象中发展的强度、密度或普遍程度；而平均指标说明的是现象发展的一般水平。

（2）计算方法不同。强度相对指标与平均指标虽然都是两个有联系的总量指标之比，强度相对指标分子与分母的联系只表现为一种经济关系。而平均指标是在一个同质总体内标志总量和单位总量的比例关系，分子与分母的联系是一种内在的联系，即分子是分母（总体单位）所具有的标志，对比结果是对总体各单位某一标志值的平均。例如用全国粮食产量与全国种粮农民计算的农民人均粮食产量是平均数；用全国粮食产量与全国人口数，计算的全国平均每人粮食产量则是一个强度相对指标。

项目总结

总量指标是用来反映客观事物现象总体在一定时间、地点、条件下的总规模、总水平和工作总量的综合指标。它是将数量标志值加以汇总而得到的指标数值，其表现形式为绝对数，又称绝对指标。总量指标按其所反映的内容不同分为总体单位总量和总体标志总量；按其所反映的时间状况不同分为时期指标和时点指标；按其所采用的计量单位不同分为实物指标、价值指标和劳动指标。总量指标的计算方法有直接计算法和间接推算法两种。

相对指标是通过两个有联系的统计指标对比而得到的，其具体数值表现为相对数。相对指标数值的计量单位可分为有名数单位和无名数单位两种。相对指标按用来对比的分子和分母不同分为计划完成情况相对指标、结构相对指标、比例相对指标、比较相对指标、强度相对指标和动态相对指标六种。每种相对指标都能反映某一方面的情况，其作用各不同。

平均指标是表明同质总体各单位某一数量标志值的一般水平或代表性水平的指标。平均指标把总体各单位标志值的差异抽象化了，是总体各单位标志值的一般水平的代表值，反映总体各单位标志值分布的集中趋势。平均指标按计算方法不同分为算术平均数、调和平均数、几何平均数、中位数和众数五种。其中，算术平均数、调和平均数和几何平均数是数值平均数，中位数和众数是位置平均数。平均数与中位数、众数的比较见表 5-30。

表 5-30　平均数与中位数、众数的比较

区　别	平　均　数	中　位　数	众　数
（1）一般水平确定方法	用所有数据计算得到	先排列，后计算中点位置，再确定中位数	通过计数观察得到
（2）是否易受极值影响	易	不易	不易
（3）代表值是否具有唯一性	唯一	唯一	不唯一
（4）代表值的特征	更为可靠、稳定	缺乏灵敏性，可靠性不高	求法简便，估计粗略

标志变异指标是反映总体各单位某一数量标志值的差异程度的指标。用标志变异指标说明标志值分布的离中趋势。标志变异指标可以衡量平均指标代表性的大小。一般标志变异指标越小，平均指标代表性越大；标志变异指标越大，平均指标代表性就越小。标志变异指标还可以用以研究现象的均衡性、稳定性和节奏性。标志变异指标有全距、标准差和标准差系数。

项目六　抽样法基础知识

项目导航

学习目标
- 理解和掌握抽样法基础知识
- 能够运用抽样技术手段于基层经济工作的调查研究
- 能提供科学的、有一定置信度的抽样推断资料

具体任务

任务一　学习抽样法的基础知识

任务二　掌握抽样误差的运用

任务三　掌握抽样估计方法

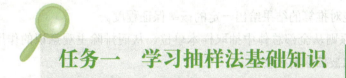

任务一　学习抽样法基础知识

任务要求

1. 通过与普查、重点调查、典型调查、统计报表制度调查方式的对比，理解抽样调查的作用与特点

2. 掌握抽样法的基本概念及其计算公式

3. 能根据给定的条件熟练计算各种样本指标

知识储备

以下几种社会现象，用哪种方式对其进行调查最为合适？

（1）为了摸清春节期间，可能有多少吨水产品上市，以确保市民的节日需求。

（2）拟对南非世界杯足球赛的电视收视率进行调查。

（3）拟对2010年我国钢产量做一次估算。

（4）为倡导节约能源，拟对公交司机中的节油能手进行调查。

一、抽样法的概念

抽样法即抽样技术，是按照随机原则从总体中抽取部分单位进行观察，并依据所获得的数据对全部研究对象的数量特征做出具有一定置信度的估计推断，以达到认识全部研究对象的一种统计方法。所以，抽样法是由抽样调查和抽样估计两部分组成的。

1．抽样调查

抽样调查是一种非全面调查。它是根据随机性原则，对从所研究的总体中抽取的部分单位进行的调查。被抽取的这部分单位称为样本。每一个被抽取的单位称为样本单位。随机性原则也称作同等可能性原则，是指在抽取样本单位时，完全排除人为因素的干扰，使被研究总体中的每个单位都有同等的被抽取机会，被抽中与否完全是偶然的。

2．抽样估计

抽样估计是指在抽样调查的基础上，根据样本资料整理出的数据，依据概率论中大数法则为指导，来估计总体相应数据的一种统计方法。

二、抽样法的特点

从抽样法的概念中可以看出，抽样法具有如下特点：

（1）根据样本资料对全及总体的数量特征做出估计。它与其他调查方式有显著不同，比报表制度节省人力、物力，提高了时效性；与重点调查、典型调查相比，不仅在数量上能推算总体，并且能对推算的结果给出一定的概率保证程度。

（2）按随机原则从全部总体中抽取样本单位，从而排除主观意识的作用，确保总体中每个单位有同等的被抽取的机会。

（3）抽样估计误差的大小可以事先计算，也可以控制，从而能够保证抽样估计的结果达到一定的准确度。

三、抽样调查的作用

在实际情况中，有的社会经济现象并不适合采取普查的调查方式，以下五种社会经济现象适用抽样调查的组织方式对其进行调查研究，以达到节省人力物力、减少对调查对象总体的损耗和破坏。

（1）不能或难以采用全面调查的总体的数量特征，例如对炮弹爆炸半径、节能灯泡使用寿命的调查研究。

（2）不适宜进行全面调查，但又必须了解总体数据的事物，例如对超市出售的牛奶中每 100 毫升蛋白质含量是否达到 2.95 克及以上的国家标准进行的调查。

（3）要节省人力、物力和财力不进行全面调查又要认识其总体数据的现象，例如夏收农作物的产量等。

（4）灵敏度高、时效性强或时间要求紧迫的信息资料，例如对南非世界杯足球赛电视收视率的调查等。

（5）与其他统计调查方式特别是全面调查相结合，互相补充与核对，例如全国人口普查与人口抽样调查的结合等。

四、全及总体和样本总体

全及总体简称总体，是指调查对象的全体，它包括调查对象的所有单位，用 N 表示。例如调查任务规定，对财贸学校与旅游学校中财会专业女生的学习、生活情况进行抽样调查。学生的组成情况如图 6-1 所示，那么调查的全及总体是两所学校财会专业的全体女生。

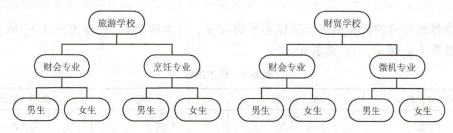

图 6-1　旅游学校与财贸学校专业与学生组成情况

样本总体简称样本，是指从全及总体单位中抽取出的所有单位构成的总体，用 n 表示。假如，上述总体有 480 名女生即 $N=480$ 名，从中随机抽取了 20 名女生进行抽样调查，则这 20 名女生就构成了样本总体，其样本单位数即样本容量 $n=20$ 名。

五、总体指标和样本指标

1. 总体指标

总体指标又称总体参数，是根据总体各个单位的标志值或属性计算的，是反映总体某种标志特征的综合指标。不同性质的总体，应计算不同的总体指标。总体指标通常包括总体平均数 $\overline{X}$、总体成数 P、总体方差（σ_x^2 或 σ_p^2）和总体标准差（σ_x 或 σ_p），见表 6-1。

表 6-1　全及总体指标

总体参数		未 分 组	已 分 组	总 体 成 数
	平均数	$\overline{X}=\dfrac{\sum X}{N}$	$\overline{X}=\dfrac{\sum Xf}{\sum f}$	$\overline{X}_p=P$
	方差	$\sigma_x^2=\dfrac{\sum(X-\overline{X}^2)}{N}$	$\sigma_x^2=\dfrac{\sum(X-\overline{X})^2 f}{N}$	$\sigma_p^2=P(1-P)$
	标准差	$\sigma_x=\sqrt{\dfrac{\sum(X-\overline{X})^2}{N}}$	$\sigma_x=\sqrt{\dfrac{\sum(X-\overline{X})^2 f}{\sum f}}$	$\sigma_p=\sqrt{P(1-P)}$

总体成数是属性总体中具有某种标志表现的单位数占总体单位数的比重，用 P 表示。假设总体 N 个单位中，有 N_1 个单位具有某种属性，则称 $P=\dfrac{N_1}{N}$ 为总体成数（比重）。成数的平均数就是它本身，即 $\overline{X}_P=P$。

全及总体成数的方差和标准差为

$$\sigma_P^2 = P(1-P)$$

$$\sigma_P = \sqrt{P(1-P)}$$

想一想

请你列举一个只有两种属性表现的属性总体。

2．样本指标

样本指标又称统计量，是根据样本各单位变量值或属性计算出的反映样本特征的数据。
与总体指标相对应的样本指标包括样本平均数 $\bar{x}$、样本成数 p、样本方差（S_x^2 或 S_p^2）和
样本标准差（$S_{\bar{x}}$ 或 S_p），见表6-2。

表6-2　样本指标

样本统计量	未 分 组	已 分 组	总 体 成 数
平均数	$\bar{x} = \dfrac{\sum x}{n}$	$\bar{x} = \dfrac{\sum xf}{\sum f}$	$\bar{x}_p = p$
方差	$S_x^2 = \dfrac{\sum(x-\bar{x})^2}{n}$	$S_x^2 = \dfrac{\sum(x-\bar{x})^2 f}{\sum f}$	$S_p^2 = p(1-p)$
标准差	$S_x = \sqrt{\dfrac{\sum(x-\bar{x})^2}{n}}$	$S_x = \sqrt{\dfrac{\sum(x-\bar{x})^2 f}{\sum f}}$	$S_p = \sqrt{p(1-p)}$

六、抽样方法和大样本与小样本

1．抽样方法

按抽取样本的方法不同，抽样方法可分为重复抽样和不重复抽样两种。

（1）重复抽样是指从全及总体中抽取样本时，对随机抽取的每个样本单位，都在记录
其某种标志表现以后，将其放回到全及总体中去，直到选取第 n 个样本单位。可见，重复抽
样时全及总体单位数量，在抽选过程中始终保持不变，总体各单位被抽中的可能性前后相同，
且各单位都有重复被抽中的可能。

（2）不重复抽样是指从全及总体中随机抽取的每个样本单位，记录其有关标志表现后，
不再放回全及总体中参加下一次抽选，直到抽出第 n 个样本单位。可见，不重复抽样时，
总体单位数在抽选过程中是逐次减少的，各单位被抽中的可能性是前后不断变化的，而且，
各单位没有被重复抽中的可能。

这两种不同的抽样方法会产生三种差别，即抽取的样本数目、抽样误差的计算公式和
抽样误差的大小都不相同。

2．大样本与小样本

大样本与小样本之分主要是根据抽样调查所抽选的样本容量的不同划分的。通常当样
本数目 $n \geq 30$ 时，称为大样本；而当样本数目 $n < 30$ 时，称为小样本。对社会经济现象进
行抽样调查时多采用大样本，而科学实验的抽样调查属于小样本实验。

课堂训练

一、训练要求

由 2～4 人的小组合作学习完成，也可独立完成。

二、训练内容

（1）填写在表 6-3 中空格。

表 6-3　常用统计抽样指标代号与计算公式

指 标 代 号	计 算 公 式	指 标 代 号	计 算 公 式	指 标 代 号	计 算 公 式
P			$\dfrac{\sum (x-\bar{x})^2 f}{\sum f}$		$\sqrt{p(1-p)}$
	$\sqrt{\dfrac{\sum (X-\bar{X})^2 F}{N}}$	σ_x		σ_p	
	$p(1-p)$	$\bar{x}$		加权 $\bar{x}$	

（2）根据表 6-4 的资料使用 Excel 计算某班某科考试成绩的算术平均数、标准差、方差和及格率。

表 6-4　计算资料

分数 / 分	人数 / 人
60 以下	6
60～70	15
70～80	14
80～90	10
90 以上	5
合　计	50

三、训练评价

根据课堂训练的内容和评分标准，将各项得分填入表 6-5 中。

表 6-5　抽样法的基本概念课堂实训评价表

各项分值及评分标准	自评分 / 分	小组评分 / 分	教师评分 / 分
填空（共 45 分，每空 5 分）			
计算算术平均数（10 分）			
计算标准差（15 分）			
计算方差（15 分）			
计算及格率（15 分）			
各栏合计 / 分			
实际得分 / 分			

注：实际得分 = 自评分 ×30%+ 小组评分 ×30%+ 教师评分 ×40%。

任务二 掌握抽样误差的运用

 任务要求

1. 理解抽样误差的概念，会计算重复抽样条件下平均数与成数两种抽样平均误差
2. 理解抽样极限误差、概率与概率度概念及其对应关系
3. 掌握抽样极限误差的计算方法并能阐明计算的极限误差的把握程度
4. 理解影响抽样误差大小的因素
5. 会使用 Excel 软件完成抽样误差相关的各种计算

 知识储备

现有五名工人每小时完成的工作量分别是 3、4、5、6、7 件。对这五名工人的总体，在不考虑顺序、不重复的条件下，从中随机抽取三人组成一个样本，可能组成多少个样本？

请求出各个样本的平均数，观察它们与总体平均数的差异（可抽取 10 个样本）。

若在 10 个数中，不考虑顺序、不重复地随机抽取 3 个数组成一个样本，会有多少个可能的样本？

实际抽样调查时，是否要把所有可能的样本都抽出来？

一、抽样误差的概念与意义

抽样调查的目的是用样本指标估计总体指标。由于抽取样本的随机性影响，使得样本指标必然的是一个随机变量。而总体指标是一个确定的值。因此，样本指标与总体指标之间必然存在某种程度误差，它主要表现为 $(\bar{x} - \bar{X})$、$(p - P)$ 之差。

在抽样法中，产生这种误差的因素是多方面的。误差可分为两类：一类是登记性误差，另一类是代表性误差。抽样法中所指抽样误差是这种代表性随机误差。

由上面的案例可知，从总体中随机抽取容量相同的样本会有许多个不同的样本，也就有许多个不同的随机性抽样误差。可是，实际进行抽样调查时，我们只能抽取一个样本，从而得出该样本指标的数据，那么能用这样一个个别的样本指标数据去代表所有可能的样本指标去推断总体指标吗？显然，这样的推断是不成立的。

因此，就要应用数理统计学推导并证明的数学公式来计算抽样平均误差。

（1）抽样平均误差就是抽样平均数（或抽样成数）的标准差，简称抽样误差。它反映了抽样平均数（或抽样成数）与总体平均数（总体成数）的平均误差程度，其计算公式见表 6-6。

表 6-6　抽样平均误差计算公式

抽样方式	平均数	成数
重复抽样	$\mu_x = \sqrt{\dfrac{\sigma_x^2}{n}} = \dfrac{\sigma}{\sqrt{n}}$	$\mu_p = \sqrt{\dfrac{P(1-P)}{n}}$
不重复抽样	$\mu_x = \sqrt{\dfrac{\sigma_x^2}{n}\left(1-\dfrac{n}{N}\right)}$	$\mu_p = \sqrt{\dfrac{P(1-P)}{n}\left(1-\dfrac{n}{N}\right)}$

式中　μ_x——平均数抽样误差；

　　　σ^2——总体平均数方差；

　　　σ——总体平均数标准差；

　　　μ_p——成数抽样误差；

　　$P(1-P)$——总体成数方差；

　　　N——总体单位数；

　　　n——样本单位数。

$\left(1-\dfrac{n}{N}\right)$ 为修正系数，其准确的表达是 $\left(\dfrac{N-n}{N-1}\right)$，但当 N 充分大时，$N-1 \approx N$，所以用 N 代替 $N-1$，则有 $\left(1-\dfrac{n}{N}\right)$。

（2）在计算抽样平均误差时，通常会缺乏总体标准差（σ_X 或 σ_P）的数值，就要用以下三种方法代替，如图 6-2 所示。

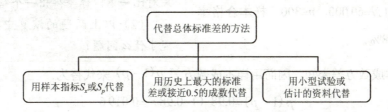

图 6-2　代替总体标准差的方法

【例 6-1】某市为摸清某行业职工年龄构成情况，在全体职工中随机抽取 50 名职工的资料，经整理得出其年龄分布情况，见表 6-7。

表 6-7　年龄分布表

年龄/岁	17	19	22	29	35
人数	10	21	19	6	4

试在重复抽样条件下，计算 50 名职工年龄的抽样平均误差。

解：使用 Excel 软件列表计算，如图 6-3 所示。

B12	▼	f_x	=SQRT(B11/B8)		
	A	B	C	D	E	F
1			计算表			
2	年龄x	人数f	xf	$x-\bar{x}$	$(x-\bar{x})^2$	$(x-\bar{x})^2 f$
3	17	10	170	-4.68333	21.93361	219.3361
4	19	21	399	-2.68333	7.200278	151.2058
5	22	19	418	0.316667	0.100278	1.905278
6	29	6	174	7.316667	53.53361	321.2017
7	35	4	140	13.31667	177.3336	709.3344
8	合计	60	1301			1402.983
9	平均年龄	21.68333				
10	标准差	4.835603	=C8/B8		=SUM(F3:F7)	
11	方差	23.38306				
12	抽样误差	0.624274	=SQRT(F8/B8)			
13						
14	=SQRT(B11/B8)	=B10*B10				
15						

图 6-3　样本指标计算表

根据表 6-7 资料计算可得：

样本平均数 $\bar{x}$=21.7（岁）；样本标准差 σ_x=4.8（岁）。

重复抽样下，抽样平均误差 $\mu_x = \sqrt{\dfrac{\sigma_x^2}{n}} = \dfrac{\sigma}{\sqrt{n}} = 0.62$（岁）。

即在重复抽样下，60 名职工平均年龄的抽样误差是 0.62 岁。

【例 6-2】一批罐头共 60 000 听，随机抽查 300 听，发现有 6 听不合格，求该批罐头合格率的抽样误差是多少？

解：已知 N=60 000，n=300，样本合格率 $p = \dfrac{300-6}{300} = 98\%$。

由于总体成数方差未知，因而用样本成数方差 $p(1-p)$ 来代替为：

$$p(1-p) = 0.98\ (1-0.98) = 0.019\,6$$

故总体合格率的抽样误差 $\mu_p = \sqrt{\dfrac{p(1-p)}{n}} = \sqrt{\dfrac{0.0196}{300}} = 0.00808$ 或 0.808%

即在重复抽样条件下，该批罐头合格率的抽样误差是 μ_p=0.81%。

（3）影响抽样误差大小的三因素。从表 6-6 中的四个抽样误差公式中，可看出抽样误差的大小受以下三个因素的影响，如图 6-4 所示。

温馨提示

（1）将【例 6-2】用不重复公式再计算一次抽样误差，把两个结果对比一下，你会得出一个结论。

（2）以上两题的演算中，你发现了什么问题？

图 6-4　影响抽样误差大小的因素

【例 6-3】某灯泡厂对 10 000 个灯泡进行使用寿命检查，随机抽取了 2% 进行测试，所得资料见表 6-8。

表 6-8 灯泡使用寿命抽样情况

使用寿命 / 小时	灯泡个数 / 个	使用寿命 / 小时	灯泡个数 / 个
900 以下	4	1 050 ~ 1 099	80
900 ~ 949	4	1 100 ~ 1 149	20
950 ~ 999	11	1 150 ~ 1 199	7
1 000 ~ 1 049	71	1 200 ~ 1 250	3
合 计	90	合 计	110

按质量规定，使用寿命在 1 000 小时以上为合格，试根据以上资料计算灯泡使用寿命的抽样平均误差和产品合格率的抽样平均误差。

解： 使用 Excel 软件首先计算有关样本指标，如图 6-5 所示。

	A	B	C	D	E	F
1	使用寿命	个数 f	组中值 x	xf	$x-\bar{x}$	$(x-\bar{x})^2 f$
2	900以下	4	875	3500	-180.5	130321
3	900-950	4	925	3700	-130.5	68121
4	950-1000	11	975	10725	-80.5	71282.75
5	1000-1050	71	1025	72775	-30.5	66047.75
6	1050-1100	80	1075	86000	19.5	30420
7	1100-1150	20	1125	22500	69.5	96605
8	1150-1200	7	1175	8225	119.5	99961.75
9	1200以上	3	1225	3675	169.5	86190.75
10	合计	200		211100		648950

图 6-5 样本指标计算表

根据计算整理结果可得

灯泡平均使用寿命 $\bar{x} = \dfrac{\sum xf}{\sum f} = \dfrac{211100}{200} = 1\,055.5$（小时）

灯泡使用寿命的方差 $S_x^2 = \dfrac{\sum (x-\bar{x})^2 f}{n} = \dfrac{648\,950}{200} = 3\,244.75$（小时）

在重复抽样条件下，灯泡使用寿命的抽样平均误差为 $\mu_x = \sqrt{\dfrac{\sigma_x^2}{n}} = \sqrt{\dfrac{S_x^2}{n}} = \sqrt{\dfrac{3\,244.75}{200}} = 4.03$（小时）

计算表明，在重复抽样条件下，灯泡使用寿命的抽样平均误差是 4.03 小时。

抽样灯泡的合格率 $= \dfrac{合格品数量}{样本单位数} = \dfrac{181}{200} \approx 90\%$，即 $p = 90\%$（0.9）。

可得样本成数方差 $p(1-p) = 0.9(1-0.9) = 0.09$

灯泡合格率的抽样平均误差为

则在重复抽样条件下，$\mu_p = \sqrt{\dfrac{p(1-p)}{n}} = \sqrt{\dfrac{0.9(1-0.9)}{200}} = 2.12\%$

计算表明，在重复抽样条件下灯泡合格率抽样平均误差是 2.12%。

二、抽样极限误差

抽样极限误差是从另一个角度考虑抽样误差的问题。因为用样本指标去估计全及总体指标要达到完全准确，几乎是不可能的。所以，在抽样估计时，应根据调查对象的变异程度和调查任务的要求确定可允许的误差范围，凡是在这个范围内的数值都认为是有效的。因此，抽样极限误差（抽样允许误差）就是抽样推断时允许存在的误差范围。

用 Δ_x 和 Δ_p 分别表示抽样平均数的极限误差和抽样成数的极限误差。抽样极限误差又通常是需要以抽样平均误差 μ_x 和 μ_p 为标准单位来衡量的，即有以下关系：

$$\Delta_x = t\mu_x \qquad t = \frac{\Delta_x}{\mu_x}$$

$$\Delta_p = t\mu_p \qquad t = \frac{\Delta_p}{\mu_p}$$

式中的 t 是抽样平均误差的倍数，叫做概率度。作为抽样估计，不仅要给出估计值的可能范围，还要给出这种估计的把握程度，以体现抽样估计的科学性。

数理统计证明，抽样误差范围的变化和概率 $F(t)$（即可靠程度或把握程度）之间有着密切的联系。当抽样误差范围为 1μ 时，则把握程度为 0.6827，即概率 $F(t)$ 为 68.27%。就是说，当抽样极限误差为一倍抽样平均误差时，会有 68.27% 的样本单位包含在所估计的范围里。常用的抽样误差范围概率有以下几个：

1μ 的概率表示为 $F(1) = 0.6827$

的概率表示为 $F(2) = 0.9945$

3μ 的概率表示为 $F(3) = 0.9973$

1.96μ 的概率表示为 $F(1.95) = 0.9500$

概率与概率度是一一对应的，详细内容请自行参阅标准正态分布表。

由此，我们得出关于抽样极限误差的计算公式，见表 6-9。

表 6-9　抽样极限误差公式

	平 均 数	成 数
重复抽样	$\Delta_x = t\mu_x = t\sqrt{\dfrac{\sigma^2}{n}}$	$\Delta_p = t\mu_p = t\sqrt{\dfrac{p(1-p)}{n}}$
不重复抽样	$\Delta_x = t\mu_x = t\sqrt{\dfrac{\sigma^2}{n}\left(1-\dfrac{n}{N}\right)}$	$\Delta_p = t\mu_p = t\sqrt{\dfrac{p(1-p)}{n}\left(1-\dfrac{n}{N}\right)}$

【例 6-4】对 20 000 亩水稻，按随机原则抽取 100 亩进行调查，测得其平均亩产 550 千克，标准差 10 千克，试求在概率为 95.45% 的条件下，其抽样极限误差是多少千克？

解： 已知 $N=20\,000$ 亩，$n=100$ 亩，$\bar{x}=550$ 千克，$\sigma=10$ 千克。

又因为 $F(t)=95.45\%$，查表可知概率度 $t=2$，则有

1）重复抽样的抽样极限误差为

$$\Delta_x = t\mu_x = t\sqrt{\frac{\sigma^2}{n}} = 2 \times \sqrt{\frac{10^2}{100}} = 2 \text{（千克）}$$

2）不重复抽样的抽样极限误差为

$$\Delta_x = t\sqrt{\frac{\sigma^2}{n}\left(1-\frac{n}{H}\right)} = 2 \times \sqrt{\frac{10^2}{100} \times \left(1-\frac{100}{20\,000}\right)} = 1.995 \text{（千克）}$$

【例6-5】 对 $10\,000$ 件产品，按随机原则抽取 200 件进行检查，发现其中有 10 件次品，试求在概率为 95.45% 的条件下，抽样极限误差是多少？

解： 已知 $N=10\,000$ 件，$n=200$ 件，$F(t)=95.45\%$，$n_1=10$；查表可知概率度 $t=2$。

则 $p = \dfrac{n_1}{n} = \dfrac{10}{200} = 0.05 = 5\%$

将有关的已知指标值代入公式：

1）重复抽样的抽样极限误差为

$$\Delta_p = t\mu_p = t\sqrt{\frac{p(1-p)}{n}} = 2 \times \sqrt{\frac{5\% \times (1-5\%)}{200}} = 2 \times 1.54\% = 3.08\%$$

2）不重复抽样的抽样极限误差为

$$\Delta_p = t\mu_p = t\sqrt{\frac{p(1-p)}{n}\left(1-\frac{n}{N}\right)} = 3.08\% \times \sqrt{1-\frac{200}{10000}} = 3.05\%$$

想一想

【例6-4】和【例6-5】两题都用两种抽样方法计算的结果有什么不同？谁大谁小？原因是什么？

课堂训练

一、训练要求

由 $2\sim 4$ 人的小组合作学习完成，也可独立完成。

二、训练内容

1. 单项选择题

（1）下面的正确说法是（　　）。

　　A. 抽样平均误差就是抽样极限误差

　　B. 抽样误差是个体样本指标与总体指标离差的标准差

　　C. 抽样误差是所有可能样本平均指标的标准差

    D. 抽样误差是样本平均数与总体平均数的实际离差

（2）抽样极限误差（　　　）。

    A. 是 t 倍的抽样误差　　　　　　　　B. 是扩大了的抽样误差

    C. 越大，其对应的 t 值越小　　　　　D. 越小，其对应的 t 值越大

2. 计算题

某校随机重复抽取 100 名学生，调查统计学考试成绩情况，经整理得知：平均分数为 85 分、标准差为 5 分，要求在概率 95.45% 条件下，计算考试分数的抽样平均误差与抽样极限误差。

3. 依据表 6-10 的资料，分别在概率为 68.27% 和 95% 的条件下，计算其抽样平均误差和抽样极限误差。要求使用 Excel 软件进行计算。

表 6-10　6 月份工资分组表

月工资 / 元	人数 / 人
1 500	10
2 000	20
2 600	15
3 000	10
5 000	5
合　计	60

三、训练评价

根据课堂实训的内容与评分标准，将各项得分填入表 6-11 中。

表 6-11　掌握抽样误差的运用课堂训练实训评价表

各项分值及评分标准	自评分 / 分	小组评分 / 分	教师评分 / 分
1. 单项选择题（共 10 分，每空 5 分）			
2. 抽样误差的计算（15 分）			
极限误差的计算（15 分）			
3. 分别计算出 xf、$(x-\bar{x})^2f$、$\bar{x}$、σ_x、$\mu_{\bar{x}}$ 和 $\Delta_{\bar{x}}$（每个 5 分）；分别计算出抽样平均误差和抽样极限误差（每个 15 分）			
实　际　得　分			

注：合计 = 自评分 ×30%+ 小组评分 ×30%+ 教师评分 ×40%。

任务三　掌握抽样估计方法

任务要求

1. 理解点估计、区间估计概念和意义

2. 掌握点估计、区间估计方法

3．学会使用 Excel 完成抽样估计的计算与评价

知识储备

通过【例 6-4】和【例 6-5】的练习了解了如何计算抽样极限误差，也理解了抽样极限误差就是根据调查任务的要求所确定的允许的抽样误差范围。那么，如何运用前面所学的知识来达到抽样调查的最终目的，即用样本指标去估计（推断）全及指标？主要有以下三个思路：

（1）用样本平均数或样本成数去估计全及平均数或全及成数。

（2）把样本平均数或样本成数与其抽样平均误差结合起来，估计全及指标。

（3）把样本平均数或样本成数与其抽样极限误差结合起来，估计全及指标。

抽样调查的目的是用样本指标去估计总体指标。由于存在着抽样误差，所以这种估计不可能是精确的，却是属于一种有科学根据的估计。其估计的方法有两种：一是点估计；二是区间估计。

一、点估计

点估计是用样本指标直接代表总体指标或直接推算总体总量。例如对 10 000 只某种型号的电子元件进行耐用性调查，随机抽取 100 只件进行测试的结果得出平均耐用时间为 1 055 小时，合格率为 91%。我们就估计说 10 000 只电子元件的平均耐用时间就是 1 055 小时，全部电子元件的合格率为 91%。

再比如从 6 000 名大学生中随机抽取 500 名大学生，调查其月消费支出情况，结果表明该 500 名大学生平均每人月消费支出为 326 元。我们就估计说，全体大学生月平均消费支出约为 326 元，而 6 000 名大学生月消费总额约为 195.8 万元（326×6 000 元）。

点估计方法非常简单，容易掌握，但是这种估计值很不精确。它既不能表明抽样估计的误差，更没有指出这种估计在一定范围内的概率保证程度有多大。所以它只适用于对总体只要求做粗略的估计，误差的大小并不妨碍对情况作一般认识的现象。

二、区间估计

区间估计是在一定概率保证下，用样本指标和抽样平均误差去推断全及指标的可能范围的估计方法。区间估计的特点是它不是指出被估计的全及指标的确定的数值，而是指出被估计的全及指标的可能范围；同时对全及指标落在这一范围内的可能性，给出相应的概率保证程度。所以说，区间估计是一种有科学根据的估计。

区间估计有以下两种不同的情况。

1．平均数的区间估计

总体平均数区间估计的基本公式为

$$\overline{x} - \Delta_x \leqslant \overline{X} \leqslant \overline{x} + \Delta_x \ 或\overline{x} - t\mu_x \leqslant \overline{X} \leqslant \overline{x} + t\mu_x$$

根据以上公式，对总体平均数区间估计的具体步骤如下：

（1）计算样本平均数 $\overline{x}$、样本平均数标准差 S_x（假定总体标准差未知）、样本平均数的抽样平均误差 μ_x。

（2）根据给定的概率得出概率度 t。

（3）计算 Δ_x，将 Δ_x 或直接将 $t\mu_x$ 带入区间估计公式求得估计区间范围。

【例6-6】承任务二【例6-4】的资料，对20 000亩水稻的平均产量和总产量进行区间估计。

已知 N=20 000亩，n=100亩，$\overline{x}$=550千克，σ=10千克以及已经计算得到的 $\Delta_x = 2$（重复抽样条件下）和 t=2代入区间估计公式：$\overline{x} - \Delta_x \leqslant \overline{X} \leqslant \overline{x} + \Delta_x$

$$即\ 550\text{–}2 \leqslant \overline{X} \leqslant 550\text{+}2$$

$$548 \leqslant \overline{X} \leqslant 552$$

$$548 \times 20\,000 \leqslant 总产量 \leqslant 552 \times 20\,000$$

$$10\,960\,000 \leqslant 总产量 \leqslant 11\,040\,000$$

计算结果说明，在概率95.45%的保证下，估计这20 000亩水稻平均亩产在548千克至552千克之间，其总产量在10 960吨至11 040吨之间。

2. 成数的区间估计

总体成数区间估计的基本公式为

$$p - \Delta_p \leqslant P \leqslant p + \Delta_p \ 或\ p - t\mu_p \leqslant P \leqslant p + t\mu_p$$

根据以上公式，对总体成数区间估计的具体步骤是：

（1）依次计算出 P、$p(1\text{–}p)$、μ_P 和 Δ_p。

（2）求出估计区间上限和下限值。

【例6-7】承任务二【例6-5】的资料，对全部产品的合格率进行区间估计。

已知 N=10 000件，n=200件，$F(t)$=95.45%，概率度 t=2，抽样废品率 P=5%，重复抽样条件下 μ_p=1.54%，产品合格率 P=1–5%=95%。

代入总体成数区间估计的基本公式：$p - t\mu_p \leqslant P \leqslant p + t\mu_p$

即 95%–2×1.54% $\leqslant P \leqslant$ 95%+2×1.54%

可得 $\qquad\qquad$ 91.9% $\leqslant P \leqslant$ 98.1%

计算结果说明在 95.45% 的概率保证下，估计全部产品合格率在 91.9% 至 98.1% 之间。

【例 6-9】某制鞋厂生产的一批旅游鞋，按 1% 的比例进行抽样调查，总共抽查 500 双，其抽查结果见表 6-12。

表 6-12　某批次旅游鞋的抽查结果

耐穿时间 / 天	数量 / 双
250 ~ 290	30
290 ~ 330	70
330 ~ 370	300
370 ~ 410	60
410 以上	40
合　计	500

在概率为 95.45% 的条件下，试求：

（1）这批旅游鞋的平均耐穿时间的可能范围。

（2）如果耐穿时间在 330 天以上的才算合格品，求这批旅游鞋合格率的可能范围。

（3）要求运用 Excel 功能计算样本平均数、标准差、抽样误差、极限抽样误差等各个步骤。

解：列表计算的步骤：

（1）编制计算表并计算出相应指标。

1）计算各组组中值。在 C3 单元格输入 "=MEDIAV（250，290）" 键入回车键后可以计算出第一组的组中值；在 C4 中输入 "=C3+40"，确认后向下填充至 C7 单元格（其中 40 是组距）。

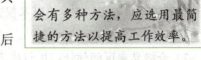

温馨提示

运用 Excel 计算某指标会有多种方法，应选用最简捷的方法以提高工作效率。

2）计算组总量。在 D3 中输入 "=C3*B3"，确认后向下填充至 D7 单元格。

3）计算总产量。选中 D3 至 D8，单击工具栏中的 "∑" 按钮求和，得出总产量。

4）计算平均数。在 A10 单元格输入 "平均数 $\bar{x}$"，在 B10 单元格输入 "=D8/B8" 后键入回车键确认即可。

5）计算离差。在 E3 单元格输入 "=C3–$B$10" 确认后，向下填充至 E7 单元格。

6）计算离差平方加权与求和。在 F3 单元格输入 "=E3*E3*B3"，确认后向下填充至 F7 单元格，再用 "∑" 求和。

7）计算方差。在 A11 单元格输入 "方差 σ_x^2"，在 B11 单元格输入 "=F8/B8" 确认。在 B12 输入 "=SQRT（B11）" 求得标准差 σ_x。

8）计算抽样平均误差。在 A13 单元格输入 "抽样平均误差 μ_x"，在 B13 单元格输入 "=SQRT（B11/B8）" 后确认。

至此，需要的数据已经全部求出来了，如图 6-6 所示。

	A	B	C	D	E	F
	H18		*fx*			
2	耐用时间/天	数量 *f*	组中值 *x*	*xf*	$x-\bar{x}$	$(x-\bar{x})^2 f$
3	250～290	30	270	8100	-80.8	195859.2
4	290～330	70	310	21700	-40.8	116524.8
5	330～370	300	350	105000	-0.8	192
6	370～410	60	390	23400	39.2	92198.4
7	410以上	40	430	17200	79.2	250905.6
8	合计	500	—	175400	—	655680
9						
10	平均数 $\bar{x}$	350.8				
11	方差 σ_x^2	1311.36				
12	标准差 σ_x	36.212705				
13	抽样平均误差 μ_x	1.6194814				
14	合格品数量	400				
15	合格品成数 P	0.8				
16	合格品成数标准差 σ_P		0.4			
17	合格品成数方差 σ_P^2		0.16			
18	成数抽样平均误差 μ_P		0.0178885			

图 6-6 例 3 计算表

（2）计算区间估计如下：

1）平均耐用时间区间估计：$\bar{x}-t\mu_x \leqslant \overline{X} \leqslant \bar{x}+t\mu_x$

已知 $F(t)$=95.45% 和 t=2，将以上计算结果代入公式，

则有　　　　　　$(350.8-2\times1.6195 \leqslant \overline{X} \leqslant 350.8+2\times1.6195)$

$$350.8-3.239 \leqslant \overline{X} \leqslant 350.8+3.239$$

即　　　　　　$347.6（天） \leqslant \overline{X} \leqslant 354（天）$

计算说明，在 95.45% 的概率保证下，推断全部产品平均耐用时间在 347.6 天至 354 天之间。

2）合格品率区间估计：$p-t\mu_p \leqslant P \leqslant p+t\mu_p$

已知 $F(t)$=95.45% 和 t=2，将已知条件与计算结果代入公式，

则有　　　　　　$0.8-2\times0.017889 \leqslant P \leqslant 0.8+2\times0.017889$

即　　　　　　$76.4\% \leqslant P \leqslant 83.6\%$

计算说明，在 95.45% 的概率保证下，估计全部产品的合格率在 76.4%～83.6% 范围内。

【例 6-9】某市有职工 100 000 人，根据有关资料随机抽取 12 名职工日工资资料如下：80 元、60 元、106 元、90 元、106 元、135 元、110 元、130 元、135 元、160 元、200 元、200 元。其中，日工资在 110 元（含 110 元）以下的职工的比重为 50%。试在 99.73% 概率保证下，对该市职工的平均日工资及日工资 135 元以下职工比重做区间估计。

试求：

（1）在 99.73% 的概率条件下，对全市职工平均日收入及 110 元以下的职工比重进行区间估计。

（2）直接在 Excel 表中用函数功能计算各个指标，再做出两项区间估计，不用列表逐项计算。

解：运用 Excel 中"数据分析"功能，求得各项指标，如图 6-7 所示。

温馨提示
表中的函数有的是 Excel 里自带的，有的是根据公式内容编制的。

	A	B	D	E
1		**区间估计计算表**		
2	工资（元）	指标名称	指标数值	函数名
3	80	单位数（样本容量）	12	COUNT
4	60	平均数	126	AVERAGE
5	106	标准差	43.80743	STDEV
6	90	方差	1919.091	VAR
7	106	平均数抽样误差	12.64612	标准差/单位数的方根
8	135	概率	0.9973	
9	110	t 值 ≈ 3	2.78215	
10	130	极限误差	37.93835	t*平均数抽样误差
11	135	估计上限	163.9383	平均数+极限误差
12	160	估计下限	88.06165	平均数−极限误差
13	200	成数	0.5	p
14	200	成数方差	0.25	$p(1-p)$
15		成数抽样误差	0.14434	$p(1-p)/n$ 的方根
16		成数极限误差	0.43302	t*成数抽样误差
17		成数估计上限	0.93302	
18		成数估计下限	0.06698	

图 6-7　区间估计计算表

（1）日平均工资区间估计：$\bar{x} - t\mu_x \leqslant \overline{X} \leqslant \bar{x} + t\mu_x$

则有 88.06（元）$\leqslant \overline{X} \leqslant$ 163.93（元）

计算表明，在概率 99.73% 保证下，估计该市职工日平均工资在 88.06 元至 163.93 元之间。

（2）日工资在 110 元以下的职工比重估计区间：$p - t\mu_p \leqslant P \leqslant p + t\mu_p$

则有 6.70% $\leqslant P \leqslant$ 93.30%

计算表明，在 99.73% 的概率保证下，估计该市职工日工资在 110 元以下的人数比重在 6.70% ～ 93.30% 之间。

 课堂训练

一、训练要求

由 2 ～ 4 人的小组合作学习完成，也可独立完成。

二、训练内容

在 200 名学生的统计原理考试成绩中，随机抽取了 5 名学生的分数为 55、63、95、87、72。试依据这个抽样资料，使用 Excel 软件对 200 名学生平均成绩进行点估计，并且在概率

99.73% 的条件下进行区间估计。

要求：列明各指标的计算过程，并指出哪些使用了 Excel 中的函数公式，哪些采用了自编公式？

三、训练评价

根据课堂训练的内容和评分标准，将各项得分填入表 6-13 中。

表 6-13　掌握抽样估计方法课堂实训评价表

各项分值及评分标准	自评分 / 分	小组评分 / 分	教师评分 / 分
点估计（20 分）			
区间估计（20 分）			
计算的六个步骤（每个计 10 分）			
合　计 / 分			
实际得分 / 分			

注：合计 = 自评分 ×30%+ 小组评分 ×30%+ 教师评分 ×40%。

 知识拓展

一、基本概念

（1）抽样调查中一般会产生两类误差，如图 6-8 所示。

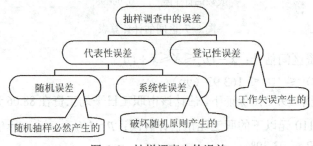

图 6-8　抽样调查中的误差

（2）可能样本数目是通过排列组合公式求得的：$c_N^n = \dfrac{N!}{n!(N-n)!}$（不考虑顺序的不重复抽样）。例如 $N=5$，$n=3$，则有 $c_5^3 = \dfrac{5!}{3!(5-3)!} = \dfrac{5 \times 4 \times 3 \times 2 \times 1}{3 \times 2 \times 1 \times 2 \times 1} = 10$。

（3）概率是指随机事件出现的可能性大小，用频率表示。扩大抽样误差范围能够提高抽样估计的把握程度，缩小抽样误差范围会降低抽样估计的把握程度。

（4）成数的平均数就是它本身。证明过程：假设在某一总体中，具有某种属性的单位表示为"1"，不具有某种属性的表示为"0"，即这两类单位的成数之和为 1（$p+q=1$），则有其平均数 $\bar{x}_p = \dfrac{1 \times p + 0 \times q}{p+q} = \dfrac{p}{p+q} = p$。

二、必要抽样数量的确定

在遵守随机原则的情况下，样本数量究竟要抽取多少才合适，是抽样中一个十分重要的问题。抽样数目过多会造成人力、物力、财力的浪费，还会影响到抽样调查的时效性，失去抽样调查的意义；抽样数目太少又会使得抽样误差增大而不能够有效地反映总体的客观情况，会直接影响到抽样估计结果的准确性。一般来说，确定样本数量的原则是在允许误差的范围内使费用达到最小，即在保证抽样估计达到预期的精确程度和可靠程度的前提下，尽量缩小样本数量，确定必要的抽样数量，使调查总费用最低。

必要样本数量计算可由抽样极限误差公式 $\Delta_x = t\mu = t\sqrt{\dfrac{\sigma^2}{n}}$ 和 $\Delta_p = t\mu_p = t\sqrt{\dfrac{p(1-p)}{n}}$ 推导得出。计算公式见表6-14。

表6-14　必要样本数量的计算公式

抽样方法	平均数必要样本单位数	成数必要样本单位数
重复抽样	$n = \dfrac{t^2\sigma^2}{\Delta_x^2}$	$n = \dfrac{t^2 P(1-P)}{\Delta_p^2}$
不重复抽样	$n = \dfrac{t^2 N\sigma^2}{N\Delta_p^2 + t^2\sigma^2}$	$n = \dfrac{Nt^2 P(1-P)^2}{N\Delta_p^2 + t^2 P(1-P)^2}$

必要样本抽样数目的计算应注意以下几点：

（1）以上四个"必要样本数量计算公式"是其他调查方式必要样本数量计算公式的基础。

（2）在实际工作中，一般 n/N 的比值很小时，为了简化计算，虽然是不重复抽样也可用重复抽样公式计算。

（3）同一总体往往要计算抽样平均数和抽样成数两种必要样本数量，但计算结果是不同的，为了防止抽样数量不足，而增大抽样误差，应采用数量大的进行抽样。

（4）当求得的样本单位数是小数时，应采取只入不舍的取整数。

【例6-10】某厂对所生产的产品进行质量检验，根据过去检验的资料，产品的耐用时间的标准差为7小时，现在要求保证概率为95%，抽样平均耐用时间的极限误差不超过2小时。试用重复抽样方式，需抽多少只产品为合适？

解： 已知样本标准差 $S=7$ 小时，$F(t)=0.95$；查表知 $t=1.96$，$\Delta_x=2$ 小时，用 S 代替 σ_X。

所以，必要样本数量 $n = \dfrac{t^2\sigma^2}{\Delta_x^2} = \dfrac{1.96^2 \times 7^2}{2^2} \approx 48$（只）

因此，在概率95%的保证下，应抽取48只产品进行检验。

【例6-11】对某牧场良种奶牛的比重进行调查，从历史资料得知，良种奶牛的比重为80%、85%、86%，要求极限误差不超过4%，保证概率为68.27%。在重复抽样方式下，请问应抽取多少头奶牛调查合适？

解： 已知 $P=80\%$，$\Delta_x=0.04$，$F(t)=0.6827$，$t=1$；

所以 $n = \dfrac{t^2 P(1-P)}{\Delta_p^2} = \dfrac{1^2 \times 0.80 \times (1-0.80)}{0.04^2} = \dfrac{0.16}{0.0016} = 100$ （头）

计算表明，在 68.27% 的概率保证下，可抽取 100 头奶牛进行调查。

> **想一想**
>
> 该牧场良种奶牛的比重有三项历史资料：80%、85%、86%，为什么只选用了 80%？

【例 6-12】对某镇奶牛平均产奶量进行抽样调查，已知该镇共有奶牛 2 500 头，据历史资料，奶牛平均产奶量的标准差为 100 千克，现要求允许误差不超过 20 千克，保证概率为 95.45%，试计算重复抽样条件下的必要抽样数量。

解： 已知 N=2 500 头，$\sigma = 100$ 千克，Δ_x =20 千克；

由 $F(t)$ =0.954 5 查表可知 t=2；

在重复抽样条件下 $n = \dfrac{t^2 \sigma^2}{\Delta_x^2} = \dfrac{2^2 \times 100^2}{20^2} = 100$ （头）

在概率 95.45% 的保证下，在重复抽样时，应抽取 100 头奶牛进行调查。

三、简单随机抽样抽取样本单位的具体方法

由于抽样调查的目的不同、调查对象的性质不同，抽样调查的组织方式也不同。常用的调查方式有四种，即简单随机抽样、机械抽样、分类抽样和整群抽样。简单随机抽样是四种抽样方式的基础。

采用简单随机抽样的方式抽取样本单位时，可根据调查总体的不同情况选用不同的具体方法，大致有以下四种：

1. 直接抽选法

直接抽选法就是对总体单位不作任何处理，直接从总体单位中随机抽取样本单位。例如在学生队伍中的不同位置上抽选学生为样本单位；在仓库零件堆中不同的位置抽选样本单位等。

2. 抽签法（抓阄法）

抽签法就是将总体中的单位逐个编号，把号码写在纸片上，并在一个容器中掺和均匀，然后抽取 n 个编号，凡是纸片上的号码所属的单位即为样本单位。这种方法只适用总体单位不多的情况。

3. 随机数字表法

随机数字表法就是利用随机数字表来抽选样本单位的方法。随机数字表是由一系列随机出现的数字排列成的表。它有各种不同的样式。现摘录一种随机数字表的一部分，见表 6-15。

表 6-15 随机数字表

13	47	25	69	56	78	12	37	24	54	01	21	24	03	17	72	62	08	35	41
43	58	03	41	**68**	97	45	26	51	56	78	04	15	23	89	43	51	87	24	30
40	32	38	42	51	79	68	08	15	29	51	43	28	91	71	09	45	20	26	31
16	25	45	89	**31**	**06**	35	68	97	51	32	69	74	47	98	56	12	23	02	07
35	59	86	24	**34**	**20**	58	86	97	90	13	65	85	45	56	13	26	59	78	15
42	43	57	41	**32**	**25**	46	89	60	50	57	46	13	29	27	34	69	09	87	15
68	87	51	34	**29**	95	61	32	34	75	48	59	87	38	87	82	90	64
05	25	65	48	78	**15**	26	32	65	48	59	87	06	54	18	25	52	64	96	47
14	46	25	43	34	**20**	68	25	34	15	78	79	56	41	01	68	05	45	51	25
43	61	32	65	**45**	78	98	54	56	60	78	54	65	12	32	65	98	89	45	76

例如，在 50 个单位中抽取 10 单位，具体做法如下：

（1）把总体 N 个单位进行编号。按 01 至 50 编号，因为只有 50 个单位，所以 $N=50$，$n=10$。

（2）按编号的最多位数，从随机数字表上任意选择连续列数作计算单位。此例最多是两位数，应取连续两列数为计算单位。假如从第二行，第九、十列开始抽选，即从 68 开始向下选取 01 至 50 之间的前 10 个号码，若到第九、十列的最后仍未选足 10 个单位，就过渡到相邻两列继续抽选，依此直至选足 10 个单位为止。这里被选中的号码是 31，34，32，29，45，06，20，25，15，20。

4. 使用 Excel 功能随机抽取样本单位的方法

以使用 Excel 的抽样功能抽取样本单位的步骤举例说明。

【例 6-13】 现有 20 名学生的姓名资料，要求从中抽选 10 名学生组成样本。

操作步骤如下：

（1）打开 Excel 工作表，在 A1 单元格中输入"编号"，在 B1、C1 分别输入"姓名"、"抽样"。

（2）在工作表中单击 A2 单元格，输入"1"作为序列的起始值，再单击 A3 单元格输入"2"。选定 A2、A3 两个单元格，拖曳填充柄到 A21 单元格，就完成了 20 个编号，如图 6-9 所示。

（3）从 B2 单元格开始向下依次随机输入 20 个人的姓名，从而确定调查总体的范围。

（4）选定 C2 单元格，打开"工具"→"数据分析"→"抽样"→"输入区域"：\$A\$2:\$A\$21 →选定"随机"→"样本数"：10 →"输出区域"：\$C\$2:\$C\$11 →"确定"，即可生成十个随机编号码。图 6-15 中出现 10 个随机号码：6、15、8、11、3、18、10、13、16、17。

图 6-12 中，C 列"抽样"下的 10 个编号对应的姓名，如 6 号的"关无偿"，10 号的"施永"等，就是随机抽取的 10 个样本单位。

	A	B	C
1	编号	姓 名	抽 样
2	1	文汇元	6
3	2	李珊	15
4	3	王贵	8
5	4	刘旺	11
6	5	士气	3
7	6	关无偿	18
8	7	吴用	10
9	8	赵益民	13
10	9	李昌国	16
11	10	施永	17
12	11	张伟	
13	12	熊桂荣	
14	13	王敏	
15	14	苏珊	
16	15	段齐国	
17	16	苏珊	
18	17	赵公明	
19	18	李抗美	
20	19	李奇	
21	20	王寿	

图 6-9 抽样表

（5）若把学生的学籍号码作为调查单位，就可省略"编号"的步骤，直接从 Excel 工作表中 A2 单元格开始输入全部学籍号码，再进行第（4）步操作，即可生成设定数量的随机学籍号码，就是随机抽取的样本单位。

项目总结

抽样调查是一种非全面调查。它是从全部调查研究对象中，抽选一部分单位进行调查，并据以对全部调查研究对象作出估计和推断的一种调查方法。显然，抽样调查虽然是非全面调查，但它的目的却在于取得反映总体情况的信息资料，因而也可起到全面调查的作用。根据抽选样本的方法，抽样调查可以分为概率抽样和非概率抽样两类。概率抽样是按照概率论和数理统计的原理从调查研究的总体中，根据随机原则来抽选样本，并从数量上对总体的某些特征作出估计推断，对推断出可能出现的误差从概率意义上加以控制。在我国，习惯上将概率抽样称为抽样调查。

抽样平均误差是通过样本资料计算求得的随机误差。抽样极限误差是根据研究任务的要求规定的允许误差范围，即以抽样平均误差为基础而扩大或缩小了的误差范围。两者的联系、区别要彻底弄清楚。要熟练地应用两个公式进行总体参数指标的推断。

使用 Excel 软件进行样本指标的计算可以大为简化工作任务，提高效率。具体的操作流程如下：

（1）依据公式内容，编辑函数公式，逐一进行计算。例如对已分组资料，先求出组中值，然后再分别求出样本平均数、离差、离差平方、离差平方加权和样本标准差。通过以上过程达到熟记计算公式，理解计算过程的目的。

（2）直接运用 Excel 中的函数功能，如 AVERAGE（求平均数）、MEDIAN（求中位数）、STDEVP（求标准差）等，求得需要的样本指标。但有的函数仍需自己设计公式，例如抽样平均误差等。这就体现了熟记公式的必要性。

（3）运用 Excel 中的"工具"→"数据分析"→"统计描述"，求得相关指标。但该方法仅适用于单项数列的统计描述。

项目七　动态分析与指数分析

项目导航

学习目标
- 理解时间数列的含义，区分不同种类的时间数列
- 学会水平和速度两方面动态分析指标的计算方法和运用
- 理解统计指数的含义，区别不同种类的统计指数
- 学会综合指数的编制方法及应用，能运用指数体系进行因素分析

具体任务
任务一　学会统计动态分析
任务二　学会统计指数分析

任务一　学会统计动态分析

任务要求
1. 理解时间数列的含义及构成，区分不同种类的时间数列
2. 掌握各类水平指标的计算方法
3. 运用水平分析指标认识和评价某种经济现象的发展状况
4. 掌握时间数列速度分析的指标及其计算方法
5. 运用速度分析指标解决实际问题

知识储备

在统计分析中，经常需要对现象在不同时间的表现进行比较分析，以确定其发展变化的规律并预测发展的趋势，这就是动态分析。进行动态分析首先要将数据资料整理成时间数列的形式。

例如每学期期末，学校都要对各学科的教学进行质量分析。王老师所教的0501班英语学科三年来的平均成绩如下：一年级上学期67.7分，下学期69.5分；二年级上学期70.3分，下学期70.5分；三年级上学期71.7分，下学期72.1分。你能将这些数据进行一番整理，以便更好地体现该班英语成绩的发展变化吗？

一、认识时间数列

（一）时间数列的含义及构成

时间数列又称动态数列，是指某种社会经济现象在不同时间上的一系列统计指标值按时间先后顺序加以排列后形成的数列。时间数列的构成要素有各个时间段或时间点和指标数值，见表 7-1 ～表 7-3。

表 7-1　湖北省 2009 年下半年城乡居民生活用电情况

月　份	7	8	9	10	11	12
用电量 / 万千瓦时	986 860	1 190 884	1 384 333	1 515 121	1 638 642	1 790 240

表 7-2　我国进出口总额占世界进出口总额的比重

年　份	2000	2001	2002	2003	2004	2005
比重（%）	3.6	4.0	4.7	5.6	6.2	6.7

表 7-3　城镇国有单位就业人员平均劳动报酬

年　份	2001	2002	2003	2004	2005	2006	2007	2008
平均劳动报酬 / 元	11 045	12 701	14 358	16 445	18 978	21 706	26 100	30 287

> **试一试**
>
> 观察以上时间数列，你能发现三张表中的指标数值有什么特点吗？这些现象的发展变化情况如何？

（二）时间数列的种类

时间数列按指标性质的不同，可分为绝对数时间数列、相对数时间数列和平均数时间数列，如图 7-1 所示。

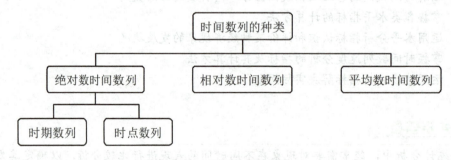

图 7-1　时间数列的种类

1. 绝对数时间数列

绝对数时间数列是指将一系列同一总量指标数值按时间先后顺序排列而成的数列，反映的是现象在一段时间内达到的绝对水平及其增减变化情况，又称为总量指标时间数列，是时间数列中的基本数列。

根据总量指标反映社会经济现象的性质不同，可分为时期数列和时点数列。两者区别见表 7-4。

表 7-4　时期数列与时点数列的区别

绝对数时间数列	意　义	指标性质	指标所属时间	特　点
时期数列	反映现象在一段时间累计达到的总量	时期指标	时间段（年、月、季等）	指标数值具有可加性，大小与时期长短有直接关系，是通过连续登记取得的
时点数列	反映现象在某一时点上所达到的水平	时点指标	时间点（年初、年末、月初、月末等）	指标数值不具有可加性，大小与时间间隔长短没有直接关系，是通过一定时期登记一次取得的

表 7-1 反映了湖北省 2009 年下半年城乡居民各月的用电量，累计相加可得到下半年的用电总量，是典型的时期数列。

2．相对数时间数列

相对数时间数列是指将一系列同一种相对指标数值按时间先后顺序排列而成的时间数列，反映社会经济现象对比关系的发展过程和规律性，是在总量指标时间数列的基

> **温馨提示**
> 　　复习项目五中涉及的统计常用指标，有助于对本节知识的理解和掌握。

础上产生的派生数列。在相对数时间数列中，各个指标数值是不能直接相加的。相对数都可以形成对应的相对数时间数列，比如结构相对数时间数列、强度相对数时间数列等。

表 7-2 反映了 2000 年至 2005 年我国进出口总额占世界进出口总额的比重变化，属于结构相对数时间数列。

3．平均数时间数列

平均数时间数列是指将一系列同一种平均指标数值按时间先后顺序排列而成的时间数列，用于反映社会经济现象一般水平的发展趋势，也是总量指标时间数列所派生的。平均数时间数列中的各个指标数值不能直接相加。

表 7-3 反映了 2001 年至 2008 年城镇国有单位就业人员平均劳动报酬的发展过程，因为平均劳动报酬属于平均指标，所以该数列就是平均数时间数列。

二、时间数列的水平分析

（一）发展水平

发展水平是时间数列中的每一个具体指标数值，又称发展量，反映社会经济现象在各个不同时间所达到的规模或发展的程度，是计算其他动态分析指标的基础。发展水平可以表现为总量指标，也可以表现为相对指标和平均指标，如图 7-2 所示。

图 7-2　发展水平的表现形式

发展水平在文字上习惯用"增加到"、"增加为"、"降低到"、"降低为"来表述，其后的数据即为当期的发展水平。表 7-5 中，2009 年 12 月湖北省城乡居民的生活用电量的发展水平是 1 790 240 万千瓦时，也可以表述为"2009 年

12 月湖北省城乡居民的生活用电量增加到 1 790 240 万千瓦时"。

发展水平根据在时间数列中所处的位置不同，分为最初水平、中间水平和最末水平。

表 7-5　湖北省 2009 年下半年城乡居民生活用电情况

月　份	7	8	9	10	11	12
用电量 / 万千瓦时	986 860	1 190 884	1 384 333	1 515 121	1 638 642	1 790 240
代表符号及名称	a_0	a_1	a_2	a_3	a_4	a_5
	最初水平	中间水平				最末水平

发展水平用符号 a_0，a_1，a_2 $\cdots$ a_{n-1} a_n 代表数列中的各个发展水平。

（二）平均发展水平

平均发展水平也叫序时平均数，是时间数列中各项发展水平的平均数，反映现象在一段时期内发展的一般水平。序时平均数和项目五中学过的一般平均数有本质的区别，具体内容见表 7-6。

表 7-6　序时平均数和一般平均数的区别

指　标	计算依据	指标的意义	举　例
序时平均数	时间数列	将现象在不同时间上的数量差异抽象化，从动态上说明现象在一段时间内发展的一般水平	根据五年气象资料计算的月平均气温
一般平均数	分布数列	将总体各单位在同一时间的某一数量标志值的差异抽象化，从静态上说明现象在一定条件下的一般水平	根据全班学生某次期末考试成绩计算的平均分

对于不同性质的时间数列，在计算序时平均数时需采用不同的方法。

1．根据绝对数时间数列计算序时平均数

绝对数时间数列分为时期数列和时点数列两种。

（1）时期数列。采用简单算术平均法，即以各个时期指标之和除以时期项数。

假定各时期指标数值为 a_1，a_2，$\cdots$，a_n，时期项数为 n，序时平均数用 $\bar{a}$ 表示，则有

$$\bar{a} = \frac{\sum a}{n} = \frac{a_1 + a_2 + \cdots + a_n}{n}$$

例如表 7-5 中，湖北省 2009 年下半年城乡居民月平均生活用电为

$$\bar{a} = \frac{\sum a}{n} = \frac{986\,860 + 1190\,884 + 1\,384\,333 + 1\,515\,121 + 1\,638\,642 + 1\,790\,240}{6}$$
$$= 1\,417\,680 \text{（万千瓦时）}$$

（2）时点数列。时点数列根据资料登记方式的不同有四种情况，分别采用相应的公式计算序时平均数，见表 7-7。

表 7-7 根据时点数列计算序时平均数的方法

时 点 数 列	登 记 方 式	序时平均的方法	公 式
连续时点（日资料）数列	连续登记如【例 7-1】	简单算术平均法	$\bar{a}=\dfrac{\sum a}{n}=\dfrac{a_1+a_2+\cdots+a_n}{n}$
	变化时登记如【例 7-2】	加权算术平均法（以变动后持续的时间长度为权数 f）	$\bar{a}=\dfrac{\sum af}{\sum f}$
间断时点（非日资料）数列	间隔相等的时间登记如【例 7-3】	首末折半法	$\bar{a}=\dfrac{\frac{1}{2}a_1+a_2+\cdots+\frac{1}{2}a_n}{n-1}$
	间隔不相等的时间登记如【例 7-4】	加权算术平均法（以间隔的时间长度为权数 f）	$\bar{a}=\dfrac{\frac{a_1+a_2}{2}f_1+\frac{a_2+a_3}{2}f_2+\cdots+\frac{a_{n-1}+a_n}{2}f_{n-1}}{\sum f}$

【例 7-1】某单位一周职工出勤人数情况见表 7-8，求平均出勤人数。

表 7-8 某单位一周职工出勤人数表

日 期	星 期 一	星 期 二	星 期 三	星 期 四	星 期 五
出勤人数 / 人	420	423	421	420	422

表 7-8 中出勤人数的资料每日登记，属于连续时点数列。

$$平均出勤人数\ \bar{a}=\frac{\sum a}{n}=\frac{a_1+a_2+\cdots+a_n}{n}=\frac{420+423+421+420+422}{5}\approx421（人）$$

【例 7-2】某厂某年一月份的产品库存变动记录见表 7-9，求该厂一月份平均库存量。

表 7-9 某厂某年一月份的产品库存变动记录表

日 期	1 日	4 日	9 日	15 日	19 日	26 日	31 日
库存量 / 万件	38	42	39	23	2	16	0

表 7-9 资料是在库存量变化时登记的结果，产品 38 万件的库存量持续了 3 天，即 $f_1=3$，以此类推得到：$f_2=5$，$f_3=6$，$f_4=4$，$f_5=7$，$f_6=5$，$f_7=1$。

因此，平均库存量 $\bar{a}=\dfrac{\sum af}{\sum f}=\dfrac{38\times3+42\times5+39\times6+23\times4+2\times7+16\times5+0\times1}{31}=24（万件）$

【例 7-3】某商业企业 2008 年第二季度职工人数资料见表 7-10，求该企业第二季度月平均职工人数。

表 7-10 某商业企业 2008 年第二季度职工人数资料表

日 期	3 月 31 日	4 月 30 日	5 月 31 日	6 月 30 日
职工人数	535	552	562	676

根据题意，职工人数是间隔一段时间登记的，并且时间间隔都是一个月，属于间隔相等的间断时点数列，适用首末折半法计算序时平均数。

第二季度月
平均职工人数 $\bar{a} = \dfrac{\dfrac{1}{2}a_1 + a_2 + a_3 + \dfrac{1}{2}a_4}{n-1} = \dfrac{\dfrac{535}{2} + 552 + 562 + \dfrac{676}{2}}{4-1} \approx 573$（人）

【例 7-4】某地区 2007 年城乡居民储蓄存款资料见表 7-11，求全年平均存款余额。

表 7-11　某地区 2007 年城乡居民储蓄存款

日　　　期	1 月 1 日	3 月 1 日	7 月 1 日	8 月 1 日	10 月 1 日	12 月 31 日
存款余额 / 万元	38	42	54	56	60	71

存款余额资料的登记时间间隔不等。3 月 1 日与 1 月 1 日间隔两个月，即 $f_1=2$。
依此类推可得：$f_2=4$，$f_3=1$，$f_4=2$，$f_5=3$。

$$平均存款余额\,\bar{a} = \dfrac{\dfrac{a_1+a_2}{2}f_1 + \dfrac{a_2+a_3}{2}f_2 + \dfrac{a_3+a_4}{2}f_3 + \dfrac{a_4+a_5}{2}f_4 + \dfrac{a_5+a_6}{2}f_5}{f_1+f_2+f_3+f_4+f_5}$$

$$= \dfrac{\dfrac{38+42}{2}\times 2 + \dfrac{42+54}{2}\times 4 + \dfrac{54+56}{2}\times 1 + \dfrac{56+60}{2}\times 2 + \dfrac{60+71}{2}\times 3}{2+4+1+2+3}$$

$$= 53.29（万元）$$

2. 根据相对数时间数列或平均数时间数列计算序时平均数

企业的计划完成程度、商品流转次数、销售利润率、比重等指标形成的时间数列都属于相对数时间数列，而劳动生产率、平均劳动报酬等指标形成平均数时间数列。每个

相对指标或平均指标都是由两个有联系的绝对指标数值对比形成的（$c = \dfrac{a}{b}$，如

计划完成程度 $c = \dfrac{实际完成数\,a}{计划数\,b}$，　劳动生产率 $c = \dfrac{产值\,a}{工人数\,b}$）

相对数时间数列或平均数时间数列的序时平均数 $\bar{c}$ 的计算步骤为

（1）计算相对指标或平均指标定义式的分子指标形成的时间数列的序时平均数 $\bar{a}$。

（2）计算相对指标或平均指标定义式的分母指
标形成的时间数列的序时平均数 $\bar{b}$

（3）计算相对指标或平均指标的序时平均数
$\bar{c} = \dfrac{\bar{a}}{\bar{b}}$

温馨提示

　　当相对数或平均数定义式的分子或分母缺失时，需首先根据公式求出分子或分母，再计算其序时平均数。

【例 7-5】某商业企业 2008 年各季度销售计划
完成情况见表 7-12，求平均计划完成程度。

表 7-12　某商业企业 2008 年各季度销售计划完成情况表

	一 季 度	二 季 度	三 季 度	四 季 度
计划销售额 b/ 万元	860	887	875	898
计划完成程度 c（%）	130	135	138	125

依据计划完成程度的定义

$$计划完成程度 c = \frac{实际完成数\ a}{计划数\ b}$$

可以推导出平均计划完成程度公式为

$$\bar{c} = \frac{\bar{a}}{\bar{b}} = \frac{平均实际销售额}{平均计划销售额}$$

但缺少 $\bar{a}$ 实际销售额的序时平均数资料，故计算如下：

$$\bar{a} = \frac{\sum a}{n} = \frac{\sum bc}{n} = \frac{860 \times 1.30 + 887 \times 1.35 + 875 \times 1.38 + 898 \times 1.25}{4} = 1161.36(万元)$$

$$\bar{b} = \frac{\sum b}{n} = \frac{860 + 887 + 875 + 898}{4} = 880(万元)$$

$$平均计划完成程度\ \bar{c} = \frac{\bar{a}}{\bar{b}} = \frac{1161.36}{880} \times 100\% = 132\%$$

即该企业 2008 年商品销售平均计划完成程度为 132%。

【例 7-6】某企业 2005 年下半年各月总产值与工人人数资料见表 7-13，其中 12 月末工人数为 910 人。求 2005 年下半年月平均劳动生产率。

表 7-13　某企业 2005 年下半年各月总产值与工人人数资料表

月　份	7 月	8 月	9 月	10 月	11 月	12 月
总产值 a/ 万元	706.1	737.1	761.4	838.3	901	1 082.4
月初工人数 b/ 人	790	810	810	830	850	880

$$月平均总产值\ \bar{a} = \frac{\sum a}{n} = \frac{706.1 + 737.1 + 761.4 + 838.3 + 901.0 + 1\,082.4}{6} = 837.7\,(万元)$$

$$平均工人数\ \bar{b} = \frac{\frac{1}{2}b_1 + b_2 + \cdots + \frac{1}{2}b_n}{n-1}$$

$$= \frac{790 \div 2 + 810 + 810 + 830 + 850 + 880 + 910 \div 2}{6} = 838\,(人)$$

$$平均劳动生产率\ \bar{c} = \frac{\bar{a}}{\bar{b}} = \frac{837.7 \times 10\,000}{838} \approx 9996.42\,(元 / 人)$$

即该企业 2005 年下半年月平均劳动生产率约为 9996.42 元 / 人。

（三）增长量和平均增长量

1. 增长量

增长量是报告期水平与基期水平之差，说明社会经济现象在一定时期内增加或减少的绝对数量。

增长量在文字上习惯用"增长（增加）"、"增长了（增加了）"、"降低（减少）"、"降低了（减少了）"来描述，其后的数据即为当期的增长量。

根据采用的基期不同，增长量有逐期增长量和累积增长量两种。

（1）逐期增长量＝报告期水平－前一期水平＝a_n-a_{n-1}，即 a_1-a_0，a_2-a_1，$\cdots$，a_n-a_{n-1}。

温馨提示

报告期与基期或前一期之差为负值，则为减少量。

（2）累积增长量＝报告期水平－固定基期水平（通常是最初水平）＝a_n-a_0，即 a_1-a_0，a_2-a_0，$\cdots$，a_n-a_0。

（3）逐期增长量和累积增长量之间存在以下关系：

$$各逐期增长量之和＝末期的累积增长量$$

$$相邻两个累积增长量之差＝相应时期的逐期增长量$$

例如表 7-14 中，通过我国 2000 年至 2005 年期间国内生产总量计算与分析，可以直观地展示逐期增长量与累积增长量之间的关系。

表 7-14 我国 2000 年至 2005 年期间国内生产总值及增长量

年 份		2000 年	2001 年	2002 年	2003 年	2004 年	2005 年
国内生产总值 / 亿元		99 214.6	109 655	120 333	135 823	159 878	183 085
		a_0	a_1	a_2	a_3	a_4	a_5
增长量	逐期	—	10 440.4	10 678	15 490	24 055	23 207
	累积	—	10 440.4	21 118.4	36 608.4	60 663.4	83 870.4

试一试

（1）结合表 7-14 资料，说说这些增长量指标是如何计算出来的。

（2）除了基本公式，还有其他方法计算吗？

在实际工作中，为了消除季节变动的影响、便于对比分析，常计算"同比（年距）增长量"简称"同比增长"指标，即

$$同比增长＝本期发展水平－去年同期发展水平$$

2．平均增长量

平均增长量是时间数列各逐期增长量的序时平均数，用以说明某现象在一定时期内平均每期增长的绝对数量。其计算公式为

$$平均增长量＝\frac{逐期增长量之和}{逐期增长量项数}＝\frac{末期累积增长量}{时间数列项数-1}$$

$$＝\frac{(a_1-a_0)+(a_2-a_1)+\cdots+(a_n-a_{n-1})}{n}＝\frac{a_n-a_0}{n}$$

结合表 7-14 资料计算 2000 年至 2005 年期间国内生产总值平均增长量如下：

$$平均增长量＝\frac{10\ 440.4+10\ 678+15\ 490+24\ 055+23\ 207}{5}＝\frac{83\ 870.4}{6-1}＝16\ 774.08（亿元）$$

三、时间数列的速度分析

(一)发展速度

发展速度是指报告期水平与基期水平对比所得的反映社会现象发展程度的相对数,用以说明报告期水平已发展到(或增加到)基期水平的若干倍(或百分之几)。

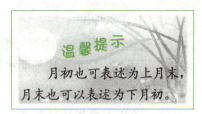

温馨提示

月初也可表述为上月末,月末也可以表述为下月初。

1. 发展速度的种类

根据采用的基期不同,发展速度有环比发展速度和定基发展速度两种。

(1)环比发展速度即报告期水平与前一期水平之比,用公式表示如下

$$环比发展速度 = \frac{报告期水平}{前一期水平} = \frac{a_n}{a_{n-1}}, \ 即 \ \frac{a_1}{a_0}, \ \frac{a_2}{a_1}, \ \cdots, \ \frac{a_n}{a_{n-1}}$$

(2)定基发展速度是报告期水平与已经确定的固定基期水平之比,用公式表示如下

$$定基发展速度 = \frac{报告期水平}{固定基期水平} = \frac{a_n}{a_0}, \ 即 \ \frac{a_1}{a_0}, \ \frac{a_2}{a_0}, \ \cdots, \ \frac{a_n}{a_0}$$

(3)环比发展速度与定基发展速度的差别在于基期选择的不同,但二者仍存在以下关系:

各环比发展速度的连乘积 = 末期的定基发展速度

相邻两个定基发展速度之商 = 相应时期的环比发展速度

温馨提示

GDP 是国内生产总值的英文缩写,是衡量一个国家(或地区)综合实力的重要指标之一。

2. 发展速度的计算举例

【例 7-7】运用 Excel 软件处理表 7-14 的数据会使计算过程更加简便,如图 7-3 所示。

	A	B	C	D	E	F	G	H
1	年份	单位	2000年	2001年	2002年	2003年	2004年	2005年
2	国内生产总值	亿元	99214.6	109655	120333	135823	159878	183085
3	环比发展速度	%	—	110.52	109.74	112.87	117.71	114.52
4	定基发展速度	%	—	110.52	121.29	136.90	161.14	184.53
5								

图 7-3 利用 Excel 工作表自动生成环比发展速度和定基发展速度

运用 Excel 软件进行发展速度计算的操作步骤如下:

1)创建空白的 Excel 工作表后输入表 7-14 的初始资料,在 A3、A4 单元格中分别输入"环比发展速度"和"定基发展速度",并在 B3、B4 中输入百分号"%"。

2)在 D3 内输入公式"=D2/C2*100"后键入回车;在 D4 内输入公式"=D2/$C$2*100"后键入回车。

3)选中 D3 和 D4 单元格,将鼠标移至 D4 填充柄处,按住左键拖曳至 H4 松开,则所求

的指标自动生成。

（二）增长速度

增长速度是报告期的增长量与基期水平对比的结果，表明社会经济现象增长程度的相对数，说明报告期水平比基期水平增加了百分之几（或若干倍）。增长速度一般采用倍数或百分数表示。

1. 增长速度指标的种类

根据采用的基期不同，增长速度有环比增长速度和定基增长速度两种。其计算公式为

$$增长速度 = \frac{增长量}{基期水平}$$

$$环比增长速度 = \frac{逐期增长量}{前一期水平} = \frac{a_n - a_{n-1}}{a_{n-1}} = \frac{a_n}{a_{n-1}} - 1 = 环比发展速度 - 1$$

$$定基增长速度 = \frac{累积增长量}{固定基期水平} = \frac{a_n - a_0}{a_0} = \frac{a_n}{a_0} - 1 = 定基发展速度 - 1$$

仔细观察增长速度的计算公式后，可以得出发展速度和增长速度的一般关系，如图7-4所示。

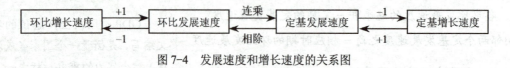

图7-4　发展速度和增长速度的关系图

2. 增长速度的计算举例

【例7-8】承【例7-7】的资料，进一步计算我国国内生产总值的增长速度（要求运用Excel工作表进行处理），如图7-5所示。

	A	B	C	D	E	F	G	H
1	年份	单位	2000年	2001年	2002年	2003年	2004年	2005年
2	国内生产总值	亿元	99214.6	109655	120333	135823	159878	183085
3	环比发展速度	%	—	110.52	109.74	112.87	117.71	114.52
4	定基发展速度	%	—	110.52	121.29	136.90	161.14	184.53
5	环比增长速度	%	—	10.52	9.74	12.87	17.71	14.52
6	定基增长速度	%	—	10.52	21.29	36.90	61.14	84.53
7								

图7-5　利用Excel工作表计算增长速度

利用Excel工作表计算增长速度的操作步骤如下：

1）在A5和A6单元格中分别输入"环比增长速度"和"定基增长速度"。

2）在D5内输入计算公式"=D3-100"后键入回车；在D6内输入计算公式"=D4-100"后键入回车。

3）选定 D5 和 D6 单元格，将鼠标移至 D6 填充柄处，按住左键拖曳至 H6 松开，则所求的指标自动生成。

（三）平均发展速度和平均增长速度

1．平均发展速度

平均发展速度是各期环比发展速度的序时平均数，用于说明社会经济现象在一个较长时期中逐年平均发展变化的程度，一般使用 $\bar{x}$ 表示。

计算平均发展速度不能使用简单算术平均法，而通常采用几何平均法（也称水平法），即将各环比发展速度设为变量值 x，环比发展速度的个数（即变量值的个数）设为 n，其公式为

$$\bar{x} = \sqrt[n]{x_1 \cdot x_2 \cdot \ldots x_n} = \sqrt[n]{\frac{a_1}{a_0} \times \frac{a_2}{a_1} \times \cdots \times \frac{a_n}{a_{n-1}}} = \sqrt[n]{\frac{a_n}{a_0}} = \sqrt[n]{R}$$

式中：$x_1 \cdot x_2 \cdot \ldots x_n$ 表示环比发展速度连乘积；

$\dfrac{a_n}{a_0}$ 表示定基发展速度；

R 表示总发展速度。

【例 7-9】承【例 7-8】的资料，求 2000 年至 2005 年我国国内生产总值的平均发展速度。

根据平均发展速度计算公式可得 $\bar{x} = \sqrt[n]{\dfrac{a_n}{a_0}} = \sqrt[5]{\dfrac{183\,085}{99\,214.6}} = 113.04\%$

或 $\bar{x} = \sqrt[n]{R} = \sqrt[5]{184.534\,3\%} = 113.04\%$

即此期间我国国内生产总值的年平均发展速度为 113.04%。

在 Excel 表格中，利用几何平均数函数"GEOMEAN"（用于根据环比发展速度连乘积求平均发展速度）或幂函数"POWER"（用于根据定基发展速度、总发展速度求平均发展速度）可以快速得到平均发展速度，如图 7-6 所示。

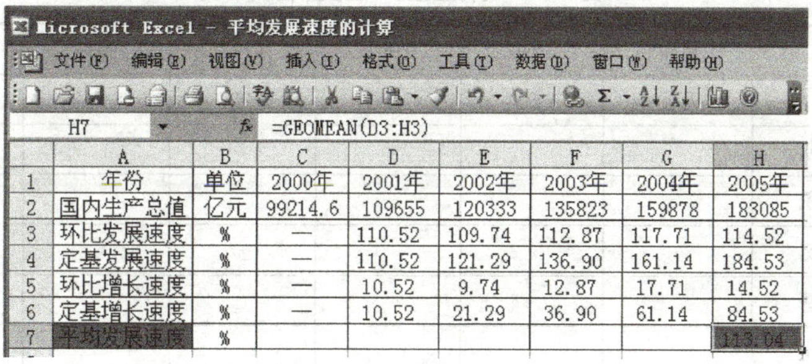

图 7-6　利用 Excel 中的函数功能计算平均发展速度

2．平均增长速度

平均增长速度说明现象逐期递增的平均程度，是各期环比增长速度的代表值。该指标不能根据各环比增长速度直接求得，而要依发展速度和增长速度的关系进行计算，即

平均增长速度 = 平均发展速度 −1（或 100%）

因此在【例 7-9】中，可以很容易得到平均增长速度 = 平均发展速度 −1=113.04%−1=13.04%。

（四）速度指标和水平指标的结合——增长 1% 的绝对值

发展速度与增长速度所说明的是现象发展和增长的相对数，有时会出现高速度掩盖着低水平或低速度掩盖着高水平的情况。为了对现象的发展有一个全面的认识，有必要根据相对数与绝对数结合运用的原则，计算每增长一个百分点所代表的绝对水平，即增长 1% 的绝对值，其计算公式为

$$增长\,1\%\,的绝对值 = \frac{逐期增长量}{环比增长速度} \times 1\% = \frac{逐期增长量}{\dfrac{逐期增长量}{前一期水平} \times 100} = \frac{前一期水平}{100}$$

【例 7-10】根据图 7-6 所示的资料，求出 2005 年我国国内生产总值每增长 1% 的绝对值。

根据公式，可得：

$$每增长\,1\%\,的绝对值 = \frac{183\,085 - 159\,878}{14.52\%} \times 1\% = \frac{23\,207}{\dfrac{23\,207}{159\,878} \times 100} = \frac{159\,878}{100} = 1\,598.78（亿元）$$

即 2005 年我国国内生产总值每增长 1% 的绝对值为 1 598.78 亿元。

课堂训练

一、训练要求

由 4 人小组合作学习完成，也可独立完成。

二、训练内容

某企业产值资料见表 7-15，请计算相应指标并填空（可用 Excel 完成）。

表 7-15　某企业产值资料计算表

年份		计量单位	1990	1991	1992	1993	1994	1995
产值		万元	6 604	7 057	8 000	8 868	9 153	9 400
增长量	逐期							
	累积							
发展速度	环比							
	定基							
增长速度	环比							
	定基							
每增长 1% 的绝对值								
平均产值								
平均增长量								
平均发展速度								
平均增长速度								

三、训练评价

根据课堂训练的内容和评分标准，将各项得分填入表 7-16 中。

表 7-16 时间数列的速度指标学习评价表

各项分值及评分标准（100分）	自评分 / 分	小组评分 / 分	教师评分 / 分
计量单位，每空 1.5 分，共 18 分			
各期计算，每空 1 分，共 42 分			
平均指标计算，每空 10 分，共 40 分			
各栏合计			
实际得分			

注：实际得分 = 自评分 ×30% + 小组评分 ×30% + 教师评分 ×40%。

任务二　学会统计指数分析

任务要求

1. 理解统计指数的含义、种类及意义
2. 辨析不同种类的统计指数，明确各自的特点
3. 理解综合指数法的基本原理，掌握编制方法
4. 能运用指数体系进行因素分析
5. 理解平均数指数法的基本原理，掌握编制方法

知识储备

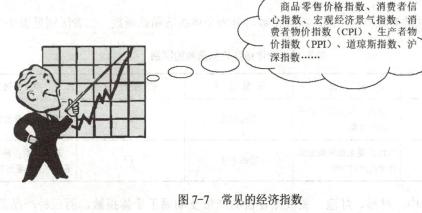

图 7-7　常见的经济指数

你听说过这些指数吗？说说它们的使用领域及其作用。

一、统计指数的含义

在我们的社会生活中，统计指数无处不在。人们通过指数了解和分析社会现象数量变动的过程和规律性。统计指数的含义可以从广义和狭义两方面理解。

从广义上讲，指数是指反映社会经济现象总体数量变动的一切相对数。例如计划完成情况相对数、比较相对数、结构相对数等。

从狭义上讲，指数是指反映不能直接相加的复杂社会经济现象在数量上综合变动情况的相对数。例如反映全部商品零售价格变动的物价指数，反映多种产品产量变动的产量指数等。

> **温馨提示**
>
> 通常所说的指数就是指反映复杂总体数量变动的狭义概念的指数。

某公司生产的三种产品因其各自的使用价值不同，不能直接将产量加以综合，三种产品的总产量就构成了一个复杂总体，见表7-17。

表7-17　某公司生产三种产品产量资料

产品名称	产量		
	计量单位	2009年	2010年
衬衫	万件	100	120
灯泡	万只	500	500
黑板擦	万个	150	200
合计	—	不能加总	不能加总

统计指数分析是统计分析中的一项重要内容。通过对统计指数研究分析，不仅能够对个别或简单的社会经济现象的变动进行分析，而且还能对那些不能直接加总对比的复杂现象总体的变动进行因素分析，以便发现经济运行中的问题，挖掘潜力，提高经济效益。

二、统计指数的种类

（1）按反映的对象范围不同，统计指数可分为个体指数和总指数。二者区别见表7-18。

表7-18　个体指数与总指数的区别

指数分类	概念	计算方法	代表符号	举例
个体指数	反映个别现象数量变动的相对数	直接对比	k	玉米的产量指数等
总指数	反映复杂现象数量综合变动的相对数	特殊方法	$\overline{K}$	居民消费价格指数、多种产品产量指数

在表7-17中，衬衫、灯泡、黑板擦各自的产量变动属于个体指数，而三种产品总的产量变动则为总指数。又如在农贸市场中，小白菜的价格上涨了10%，则个体指数是11%，但

整个市场商品价格上涨了 5%，则总指数为 105%。

个体指数用报告期产量与基期产量直接对比即可求得，使用 Excel 工作表可使计算更为简便，如图 7-8 所示。

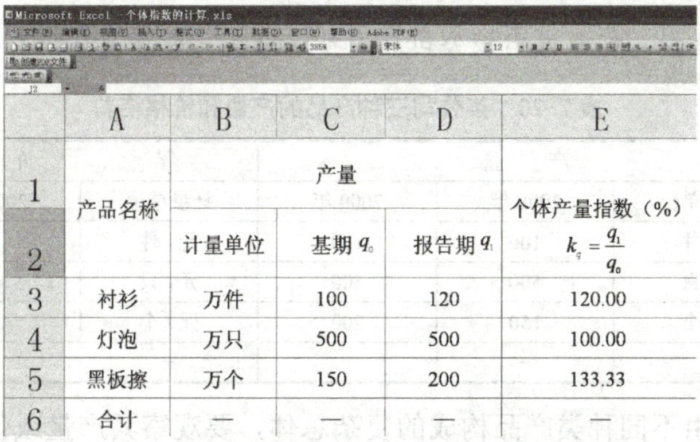

	A	B	C	D	E
1	产品名称		产量		个体产量指数（%）
2		计量单位	基期 q_0	报告期 q_1	$k_q = \dfrac{q_1}{q_0}$
3	衬衫	万件	100	120	120.00
4	灯泡	万只	500	500	100.00
5	黑板擦	万个	150	200	133.33
6	合计	—	—	—	—

图 7-8 运用 Excel 工作表计算个体产量指数

操作步骤：

1）在工作表 A1:D6 单元格中输入表 7-17 中的文字和数据。

2）选中 E 列，单击鼠标右键选择"设置单元格格式"，选择"数字"，分类为"数值"，"小数位数"为 2。

3）在 E3 单元格中输入公式"=D3/C3*100"后键入回车，则 E3 栏内显示衬衫个体产量指数为"120.00"。

4）选中 E3 单元格，将鼠标移至 E3 的填充柄处，按住鼠标左键拖曳至 E5 松开，则所求的指标自动生成。

（2）按反映现象的特征不同，统计指数可分为数量指标指数和质量指标指数。二者区别见表 7-19。

表 7-19 数量指标与质量指标的区别

指数分类	概念	常用指数	符号	
			个体指数	总指数
数量指标指数	反映现象总体总规模和总水平的变动程度	产量指数、销售量指数等	k_q	$\overline{K}_q$
质量指标指数	反映现象的相对水平、平均水平或工作质量的变动程度	价格指数、单位成本指数等	k_q、k_z	$\overline{K}_p$、$\overline{K}_z$

（3）按采用基期的不同，统计指数可分为定基指数和环比指数。

1）定基指数是以同一固定时期为基期计算的指数，例如反映 2008 年相对于 2000 年的产量变动的指数。

2）环比指数是依次以前一期为基期计算的指数，例如 2008 年与 2007 年的产量对比即为 2008 年的环比产量指数。

三、综合指数——总指数的基本形式

想一想

观察表 7-20 资料，你能说出该公司总产量或价格总变动情况吗？

表 7-20 某公司三种产品的产量和价格资料

产品名称	产量			价格		
	计量单位	2008 年	2009 年	计量单位	2008 年	2009 年
衬衫	万件	100	120	元/件	15	10
灯泡	万只	500	500	元/只	45	55
黑板擦	万个	150	200	元/个	9	7
合计	—	—	—	—	—	—

对于这样一个由不同种类产品构成的复杂总体，要观察其产量或价格的总变动时，不同种类产品在数量上无法直接加以综合，在统计上这种现象被称为"不可同度量"。如何使"不可同度量"现象过渡到可以同度量来进一步观察其总变动，正是总指数的编制中要解决的问题。总指数的编制方法分为综合指数法和平均数指数法两种。

1. 综合指数法的含义

综合指数法是指通过两个（以货币单位体现）总量指标的对比形成指数。在总量指标中包含两个或两个以上的因素时，将其中被研究因素以外的所有因素固定下来，仅观察被研究因素的变动情况。综合指数是总指数的基本形式。

销售额、总成本、总产值等可以分解为两个或两个以上因素的乘积，即总量指标的变动受两个或两个以上因素的影响。比如以下关系

$$销售额（P_q）=价格（P）×销售量（q）$$

$$总成本（Z_q）=单位成本（Z）×产量（q）$$

$$总产值（P_q）=价格（P）×产量（q）$$

在综合指数法中，要研究变动的因素叫做指数化因素；另一个因素被固定下来起同度量的作用，称为同度量因素（权数）。

以销售额指数为例，要研究多种商品的价格变动，价格即为指数化因素。选择报告期的销售量作为同度量因素分别与报告期和基期的价格相乘，得到报告期与基期的销售额进行对比。虽然对比的是销售额，但由于销售量是固定在报告期不变的，所以对比的结果可以认为是价格的变动，即价格指数。

2. 综合指数的编制方法

综合指数的编制有数量指标指数与质量指标指数之分。编制数量指标指数是以基期的质量指标作为同度量因素；编制质量指标指数是以报告期的数量指标作为同度量因素。

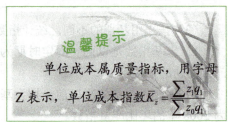

温馨提示

单位成本属质量指标，用字母 Z 表示，单位成本指数 $\bar{K}_z = \dfrac{\sum z_1 q_1}{\sum z_0 q_1}$

例如编制产量指标综合指数，则以基期的价格指标作为同度量因素；编制价格综合指数，则以报告期的产量指标作为同度量因素，其计算公式为

$$\text{数量指标综合指数}\ \bar{K}_q=\frac{\sum p_0q_1}{\sum p_0q_0}$$

$$\text{质量指标综合指数}\ \bar{K}_p=\frac{\sum p_1q_1}{\sum p_0q_1}$$

【例 7-11】根据表 7-20 的资料，使用综合指数法求出三种产品产量总指数和价格总指数。计算过程在 Excel 表格中完成。

1）产量指数 $\bar{K}_q=\frac{\sum p_0q_1}{\sum p_0q_0}=\frac{26100}{25350}=102.96\%$，说明三种产品的产量上升了 2.96%，由于产量的上升，使总产值增加的绝对数为 $\sum p_0q_1-\sum p_0q_0$=26 100–25 350=750（元）。

2）价格指数 $\bar{K}_p=\frac{\sum p_1q_1}{\sum p_0q_1}=\frac{30100}{26100}=115.33\%$，说明三种产品的价格上升了 15.33%，由于价格的上升，使总产值增加的绝对数为 $\sum p_1q_1-\sum p_0q_1$=30 100–26 100=4 000（元）。

Excel 表格中的计算过程如图 7-9 所示。

	A	B	C	D	E	F	G	H	I	J
1	产品名称	产量			价格（元）			p_0q_0	p_1q_1	p_0q_1
2		计量单位	2008年 q_0	2009年 q_1	计量单位	2008年 p_0	2009年 p_1			
3	甲	万件	100	120	元/件	15	10	1 500	1 200	1 800
4	已	万只	500	500	元/只	45	55	22 500	27 500	22 500
5	丙	万个	150	200	元/个	9	7	1 350	1 400	1 800
6	合计	—	—	—	—	—	—	25 350	30 100	26 100
7		产品总指数								
8		相对数								102.96%
9		绝对数								750
10		价格总指数								
11		相对数								115.33%
12		绝对数								4000

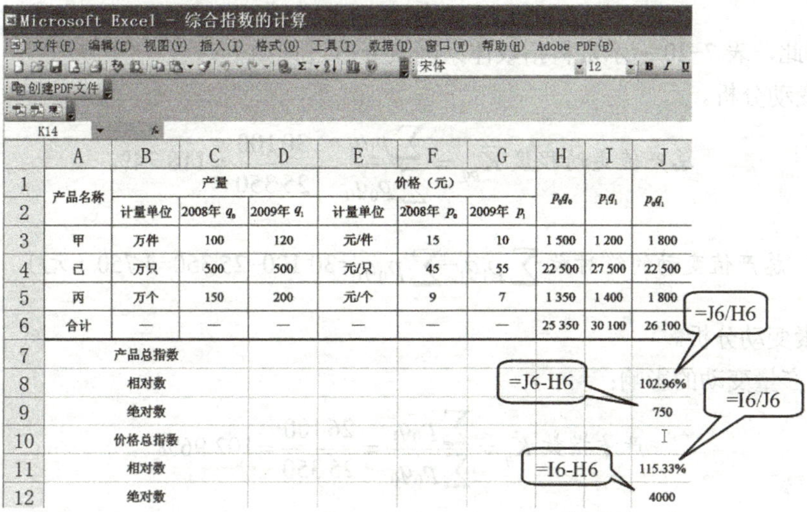

图 7-9　使用 Excel 计算综合指数的过程

3．综合指数体系及其因素分析

综合指数体系是指一系列相互联系的指数所形成的整体。指数体系中的各个指数，在数量上存在密切的关系，即表现为因果关系。

例如总产值等于价格乘以产量，这种静态上的经济关系在动态上依然存在。总产值指数受到价格指数和产量指数的共同影响，三者构成一个指标体系，即“总产值指数 = 价格指数 × 产量指数”，总产值指数是总变动指数，价格指数和产量指数是影响其变动的因素指数。类似的指数体系还有以下几种

$$销售额指数 = 价格指数 \times 销售量指数$$

$$总成本指数 = 单位成本指数 \times 产量指数$$

$$原材料总消耗量指数 = 单耗指数 \times 产量指数$$

（1）根据表 7-20 中的资料，计算出总产值指数 $\bar{K}_{pq} = \dfrac{\sum p_1 q_1}{\sum p_0 q_0} = \dfrac{30\,100}{25\,350} = 118.74\%$（如

图 7-9 所示），说明三种产品的总产值上升了 18.74%；总产值增加的绝对数为 $\sum p_1 q_1 - \sum p_0 q_0 =$
$30\,100 - 25\,350 = 4\,750$（元）。

（2）总产量指数与其两个因素指数——价格指数和产量指数的数量关系：

1）总变动指数等于各因素指数的乘积：

$$118.74\% = 115.33\% \times 102.96\%, \quad 即 \ \bar{K}_{pq} = \bar{K}_p \times \bar{K}_q$$

2）总变动指数分子与分母指标的差额等于各因素指数分子与分母指标的差额之和：

$$4\,750 \ 元 = 4\,000 \ 元 + 750 \ 元, \quad 即 \ \sum p_1 q_1 - \sum p_0 q_0 = \left(\sum p_1 q_1 - \sum p_0 q_1 \right) + \left(\sum p_0 q_1 - \sum p_0 q_0 \right)$$

（3）因此，表 7-20 所示资料指数体系因素分析过程如下：

1）总变动分析。

$$总产值变动程度 \ \bar{K}_{pq} = \frac{\sum p_1 q_1}{\sum p_0 q_0} = \frac{30\,100}{25\,350} = 118.74\%$$

$$总产值变动的绝对数 \ \sum p_1 q_1 - \sum p_0 q_0 = 30\,100 - 25\,350 = 4\,750 \ （元）$$

2）因素变动分析。

其中，产量变动的影响：

$$产量指数 \ \bar{K}_q = \frac{\sum p_0 q_1}{\sum p_0 q_0} = \frac{26\,100}{25\,350} = 102.96\%$$

因产量变动使产值变动的绝对数：

$$\sum p_0 q_1 - \sum p_0 q_0 = 26\,100 - 25\,350 = 750 \ （元）$$

价格变动的影响：

$$价格指数 \ \bar{K}_p = \frac{\sum p_1 q_1}{\sum p_0 q_1} = \frac{30\,100}{26\,100} = 115.33\%$$

因价格变动使产值变动的绝对数：

$$\sum p_1 q_1 - \sum p_0 q_1 = 30\ 100 - 26\ 100 = 4\ 000\ （元）$$

3）综合分析。

$$总产值指数为\ 118.74\% = 115.33\% \times 102.96\%$$

$$总产值增加的绝对数为\ 4\ 750\ 元 = 4\ 000\ 元 + 750\ 元$$

综合上述计算分析过程，可知三种产品的总产值，2009 年比 2008 年增长了 18.74%，增加了 4 750 元。这是因为价格增长了 15.33%，使产值增加了 4 000 元，以及产量增长了 2.96%，使产值增加了 750 元共同作用的结果。

四、平均数指数——综合指数的变形

试一试

观察表 7-21 资料，能否用综合法求两种产品的产量总指数？为什么？

表 7-21　某企业两种产品产值和产量情况资料

产品名称	产值 / 万元		2009 年比 2008 年产量增加（%）
	2008 年	2009 年	
甲	1 000	1 200	20
乙	2 500	2 800	30
合　计	3 500	4 000	—

在缺乏全面资料的情况下，不宜用综合法计算总指数。但若已知个体指数，可通过对其赋予适当的权数加以平均得到总指数。

平均数指数法是编制总指数的另一种方法，即以个体指数为基础，通过对个体指数加权平均计算总指数的方法，计算公式可通过对综合指数法的公式变形得到。

平均数指数法有加权算术平均数指数和加权调和平均数指数两种。

1. 加权算术平均数指数

根据表 7-21 的数据资料可以计算出产量总指数。该表中，已知基期产值 $p_0 q_0$，报告期产值 $p_1 q_1$ 和产品个体产量指数 $k_q = \dfrac{q_1}{q_0}$；但是缺少产量总指数（数量指标综合指数）公式的分子资料 $p_0 q_1$。可以将基期产值 $p_0 q_0$ 作为权数，然后通过对个体产量指数的加权求得 $p_0 q_1$。

即

> **温馨提示**
>
> 加权算术平均数指数是以个体数量指数为变量，以基期的总量指标为权数计算的。

$$\overline{k_q} = \frac{\sum p_0 q_1}{\sum p_0 q_0} = \frac{\sum p_0 q_0 \frac{q_1}{q_0}}{\sum p_0 q_0} = \frac{\sum k_q \cdot p_0 q_0}{\sum p_0 q_0}$$

在 Excel 表格中的计算过程如图 7-10 所示：

	A	B	C	D	E	F
1	商品	产量（万元）		2009年比2008年产量增加%	个体产量指数	
2	名称	2008 $p_0 q_0$	2009 $p_1 q_1$		k_q	$k_q \cdot p_0 q_0$
3	甲	1000	1200	20	1.2	1200
4	乙	2500	2800	30	1.3	3250
5	合计	3500	4000	—	—	4450
6	产量总指数					127.41%

图 7-10 使用 Excel 计算平均数指数的过程

将有关数据代入公式可得 $\overline{k_q} = \dfrac{\sum k_q \cdot p_0 q_0}{\sum p_0 q_0} = \dfrac{4\,450}{3\,500} = 127.14\%$

两种产品的产量增长了 27.14%，由于产量的增长使产值增长的绝对数为 950 万元（4 450 万元−3 500 万元）。

2．加权调和平均数指数

【例 7-12】某公司三种商品销售额及价格变动资料见表 7-22，试求计算价格指数。

温馨提示

求出产量指数后利用指数体系，即用产值指数除以产量指数，可求出价格指数。

表 7-22 某公司三种商品销售额及价格变动资料

商品名称	商品销售额/万元		价格变动率（%）
	基期	报告期	
甲	500	650	2
乙	200	200	−5
丙	1 000	1 200	10

根据资料，已知基期销售额 $p_0 q_0$，报告期销售额 $p_1 q_1$，通过价格变动率可计算出甲、乙、丙各自的个体价格指数 k_p。

$$\overline{k_p} = \frac{\sum p_1 q_1}{\sum p_0 q_1} = \frac{\sum p_1 q_1}{\sum \frac{p_0}{p_1} \cdot p_1 q_1} = \frac{\sum p_1 q_1}{\sum \frac{1}{k_p} p_1 q_1}$$

温馨提示

加权调和平均数指数是以个体质量指标指数为变量，以报告期的总量指标为权数来计算的。

在 Excel 表格中计算加权调和平均数的过程如图 7-11 所示。

	A	B	C	D	E	F
1	商品	商品销售额（万元）		价格变动率（%）	个体价格指数 k_p	$\dfrac{1}{k_p} \cdot p_1 q_1$
2	名称	基期 $p_0 q_0$	报告期 $p_1 q_1$			
3	甲	500	650	2	1.02	637.25
4	乙	200	200	-5	0.95	210.53
5	丙	1 000	1 200	10	1.1	1 090.91
6	合计	1 700	2 050	—	—	1 938.69
7	价格总指数					
8	相对数					105.74%
9	绝对数					111.31

图 7-11　Excel 表格中的计算过程

可得价格总指数：

$$\bar{k}_p = \frac{\sum p_1 q_1}{\sum \dfrac{1}{k_p} p_1 q_1} = \frac{2\,050}{1938.69} = 105.74\%$$

$$\sum p_1 q_1 - \sum \frac{1}{k_p} p_1 q_1 = 2\,050 - 1\,938.69 = 111.31\,(万元)$$

　　三种商品的价格增长了 5.74%，由于价格的上升，使销售额的绝对数增加了 111.31 万元。

　　从上例中可知，平均数指数是从综合指数的变形公式而来的。同理，加权算术平均数也是由数量指标综合指数的变形而来的，加权调和平均数是质量指标综合指数的变形公式。值得注意的是，平均数指数除作为综合指数的变形公式使用，也可作为独立的平均数指数公式使用，其权数可采用固定权数（比重）。

课堂训练

一、训练要求

由 2 ～ 4 人的小组合作学习完成，也可独立完成。

二、训练内容

1. 单项选择题

（1）平均数指数是计算总指数的另一形式，其计算基础是（　　）。

　　A．数量指标指数　　　　　　　　　　B．质量指标指数

　　C．综合指数　　　　　　　　　　　　D．个体指数

（2）某商场商品流转额资料见表 7-23。

表 7-23　某商场商品流转额资料

商　品	商品流转额 / 万元		报告期与基期相比销售量的变动（%）
	基期	报告期	
甲	14.0	16.4	5
乙	6.0	6.5	−4

那么，由于销售量的变动而商品流转总额的绝对变动为（　　　）。

A. 0.56 万元　　　　　　　　　　　　B. 0.46 万元

C. 102.4%　　　　　　　　　　　　　D. 2.3%

2．计算分析：某商场销售资料见表 7-24，要求计算销售额总指数，并进行两因素分析。

表 7-24　某商场销售资料

商　　品	销售额 / 万元		价格降低百分比（%）
	基期	报告期	
甲	117	80	10
乙	38	45	5
丙	180	250	15
合　计	335	375	—

三、训练评价

根据课堂训练内容及评分标准，将各项得分填入表 7-25 中。

表 7-25　平均数指数法学习评价表

各项分值及评分标准（100分）			自评分 / 分	小组评分 / 分	教师评分 / 分
单项选择题	每小题 5 分，共 10 分				
计算分析	公式 6×5 分 =30 分	答案 6×5 分 =30 分			
	指数体系 2×5 分 =10 分				
	文字分析 20 分				
各栏合计 / 分					
实际得分 / 分					

注：实际得分 = 自评分 ×30%＋小组评分 ×30%＋教师评分 ×40%。

　知识拓展

一、消费者物价指数——CPI

消费者物价指数（Consumer Price Index，CPI）即居民消费价格指数，是反映与居民生活有关的商品及劳务价格的变动指标，通常作为观察通货膨胀水平的重要指标。

CPI 的计算公式为

$$CPI = \frac{一组固定商品按当期价格计算的价值}{一组固定商品按基期价格计算的价值} \times 100\%$$

CPI 告诉人们的是，对普通家庭的支出来说，购买具有代表性的一组商品，在今天要比过去某一时间多花费多少。例如若 1995 年某国普通家庭每个月购买一组商品的费用为 800 元，而 2000 年购买这一组商品的费用为 1 000 元，那么该国 2000 年的消费价格指数为 125%（以 1995 年为基期，CPI=1 000÷800×100%=125%），也就是说上涨了 25%。

在日常生活中，我们更关心的是通货膨胀率，它被定义为从一个时期到另一个时期价格水平变动的百分比，公式为

$$T = (P_1 - P_0) \div P_0$$

式中 T 为 1 时期的通货膨胀率，P_1 和 P_0 分别表示 1 时期和 0 时期的价格水平。

如果用上面介绍的消费价格指数来衡量价格水平，则通货膨胀率就是不同时期的消费价格指数变动的百分比。假如一个经济体的消费价格指数从去年的 100 增加到今年的 112，那么这一时期的通货膨胀率就为 $T=(112-100)\div100\times100\%=12\%$，就是说通货膨胀率为 12%，表现为物价上涨 12%。一般来说，当 CPI>3% 的增幅时，我们称为通货膨胀；而当 CPI>5% 的增幅时，我们把它称为严重的通货膨胀。

二、用固定权数编制平均数指数

为了计算上的方便，加权算术平均数指数也可以用固定权数（W）编制。

所谓固定权数，是指对实际资料经过调整计算后在一定时期（如一年）内保持不变的权数，通常用比重表示。加权算术平均指数的计算公式为

$$\bar{K} = \frac{\sum KW}{\sum W}$$

我国商品零售物价指数、消费价格指数（CPI）都是固定权数按加权算术平均指数公式计算的。

项目总结

统计动态分析包括时间数列分析和统计指数分析。

时间数列是指某社会经济现象在不同时间上的一系列统计指标值按时间先后顺序加以排列后形成的数列，有总量指标时间数列、相对指标时间数列和平均指标时间数列三种形式。

统计基础与技能

　　时间数列分析包括水平分析和速度分析。水平分析主要运用发展水平、平均发展水平、增长量和平均增长量等指标；速度分析主要运用发展速度、增长速度、平均发展速度、平均增长速度、每增长 1% 的绝对值等指标。

　　统计指数是分析社会经济现象数量变动的重要内容。统计指数有广义和狭义两种理解。本书介绍的是狭义的指数概念，主要反映不能直接相加的复杂社会经济现象在数量上综合变动情况的相对数。

　　总指数的编制方法有综合指数法和平均数指数法两种。

项目八 统计分析基础知识

项目导航

学习目标
- 了解统计分析的概念、作用、特点、程序、方法
- 了解统计分析报告写作的格式和原则
- 培养阅读和分析统计数据的能力

具体任务
任务一　理解统计分析
任务二　学会编写统计分析报告

任务一　理解统计分析

任务要求
1. 了解统计分析的概念和特点
2. 表述统计分析的程序

知识储备

> **案例1**　根据调查统计某市每百户家庭空调拥有率高达60%左右。数据表明，该市家用空调已进入寻常百姓家，从一个侧面反映了人民群众生活水平的状况和质量。
>
> **案例2**　根据国家统计局公报，我国2010年上半年国内生产总值（GDP）为172 840亿元，同比增长11.1%。数据表明我国国民经济总体态势良好，继续朝着宏观调控的预期方向发展，要继续实施积极的财政政策和适度宽松的货币政策。

以上统计分析案例告诉我们，统计资料只能说明"是什么"或者"现在怎么样"，而不能回答"为什么"和"今后怎么样"。只有进行统计分析，才能说明形成事物现状的原因，并进而预测事物发展变化的前景。

一、统计分析的概念

统计分析是指从一定的目的出发，根据统计调查、统计整理所掌握的大量数据及相关资

料，运用统计所特有的方法，对客观现象进行分析研究，透过现象的数量表现来揭示现象的本质及其规律性，并预测其发展趋势的一种认识活动。

根据统计分析的目的、作用以及所涉及问题的层次和范围的不同，统计分析可以分为微观分析、宏观分析、专题分析、综合分析、监测分析、评价分析和预测分析等各种类型。

统计分析是整个统计活动过程不可或缺的一部分，是统计活动一个极其重要的阶段，是统计设计、统计调查和统计整理的延续和深化，是统计工作获取成果的阶段。

二、统计分析的特点

统计分析作为一种通过对社会经济现象数量方面的研究来认识现象实质的认识活动，其活动过程有着自身的特点，如图 8-1 所示。

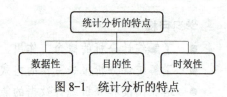

图 8-1　统计分析的特点

1. 数据性

统计分析是通过观察、分析大量的统计数据，来认识经济现象的变化规律。统计分析是由数字形成概念，从概念形成判断，由判断进行推理，并由此得出结论，所以说准确的数据是统计分析的基础。

2. 目的性

统计分析是为一定对象服务的，具有明显的目的性和针对性。统计分析应该从一定的目的出发，紧密结合与现有统计数据有关的重点、热点和难点问题进行分析和研究，帮助服务对象认识事物的本质和规律，为其行动和决策提供科学依据。统计分析的目的性和针对性越强，质量越高，作用越大。

3. 时效性

事物在不断地发展和变化，以陈旧数据为基础的统计分析，其作用和意义会大打折扣。因此，统计分析的时效性是保证统计分析价值的重要条件。陈旧过时的统计分析不会产生预期的作用和效益。

三、统计分析的程序

统计分析一般需要经过以下几个环节，如图 8-2 所示。

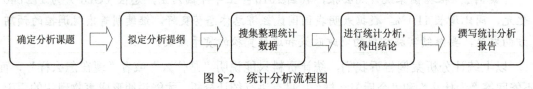

图 8-2　统计分析流程图

1. 确定分析课题

确定分析课题是指从一定研究目的出发，从复杂的社会现象和大量的统计资料中选择所要研究和反映的对象，确定分析的主题、范围和基本内容。

要选好分析课题应考虑以下几方面的因素：首先应从实际情况出发，考虑服务对象的需求以及所占有统计资料的具体条件；其次应从复杂的社会现象中，抓住主要矛盾，找出带有本质性、主导性的问题；再次还要考虑事物发展过程中，影响比较大，表现比较复杂，争议比较多，人们的认识还不很统一的问题；最后要抓住在事物发展各个环节中，处于萌芽状态，人们还没有充分认识，但又可能对全局带来重大影响的问题等。

2．拟定分析提纲

分析课题确定之后，要结合分析目的，认真拟定分析提纲。分析提纲的要求是确定分析的框架结构，列出分析的步骤、层次，以确保整个分析工作思路清晰、前后呼应、步步深入。

3．搜集整理统计资料

统计分析是建立在丰富的统计资料基础上的，需要用数字来"说话"。所以，在统计分析过程中，搜集整理统计资料是一个重要的环节。搜集统计资料要有明确的目的性，即紧紧围绕主题去搜集针对性强、具有典型意义的资料。搜集到大量的统计资料后，还应根据分析的要求对其进行整理。整理统计资料的过程就是对统计资料进行审查、筛选和加工的过程。统计资料一般包括文字资料和数字资料，对于文字资料，主要审查其是否符合客观实际，是否新颖，是否具有普遍意义。对于数字资料，主要审查其是否准确，是否具有时效性、代表性、完整性和可比性。同时，还要把相互联系的资料整理在一起，使之更加系统化、条理化。经过整理的统计资料，为进一步分析研究打下了良好的基础。

4．进行系统分析，得出结论

系统分析是对加工整理后的大量统计数据，根据分析研究的目的，运用各种统计分析方法进行一系列的计算，并将计算结果编成统计分析表，充分利用统计分析表中的各种数据，结合具体情况，把事物各个部分、各个方面有条理地加以研究比较，认清事物的状况和表现，分析事物之间的依存关系和因果关系，再把各部分的分析加以综合，得出整体的认识与结论，形成科学的概念，掌握事物发展变化的规律，并针对存在的问题，提出解决问题的对策或建议。系统分析是整个统计分析工作中最重要的环节。

5．撰写统计分析报告

统计分析的最后环节是撰写统计分析报告。统计分析报告是表述统计分析过程与结果的一种文书资料，是统计分析工作成果的反映。统计分析报告作为统计分析的重要表达方式，其写作要紧扣主题，从分析基本数量关系入手，结合有关情况和事例，进行科学的归纳、综合、推断和论证，做到有材料、有事例、有观点、有建议。

统计分析的结果可用诸如口头说明、黑板报、广播、墙报等多种方式反映出来，但最主要的形式还是写成书面的分析报告。书面报告可以把事物的状况、问题、原因、建议等分析结果更详尽、系统地表达出来，并便于资料的积累和查阅。

四、常用的统计分析方法

统计分析阶段需要使用各种专门的统计分析方法，才能帮助我们正确认识经济现象的本

质及其规律性，那么同学们知道有哪些常用的统计分析方法吗？

统计分析方法是开展统计分析的重要工具，常用的统计分析方法见表 8-1。

表 8-1 常用统计分析方法表

统计分析方法	主 要 内 容
综合指标法	总量指标、相对指标、平均指标、标志变异指标
抽样推断法	参数估计和假设检验
动态分析法	编制时间数列，计算各种动态分析指标，测定其长期趋势、季节变动的规律
因素分析法	差额分析法和连环替代分析法
相关分析法	定性分析和定量分析相结合，计算相关系数
模型分析法	时间序列模型和经济计量模型
综合评价分析法	综合评分法（百分法和名次计分法）、平均指数法、功效系数法

本书主要学习的是表 8-1 中前 4 种基本分析方法，其他的分析方法本书未作阐述，在此作一般了解即可。综合以上七种统计分析方法进行简单介绍见本项目的"知识拓展"。

 课堂训练

一、训练要求

由学生独立完成。

二、训练内容

填写下列题目中空缺部分。

1．统计分析是指从一定的_____出发，根据_____、_____所掌握的大量_____及相关资料，运用统计所特有的方法，对客观现象进行分析研究，透过现象的表现来揭示现象的_____及其规律性，并_____其发展趋势的一种_____活动。

2．根据统计分析的目的、作用以及所涉及问题的层次和范围的不同，统计分析可以分为微观分析、_____分析、综合分析、_____、监测分析、_____分析和预测分析等各种类型。

3．统计分析的特点有_____、_____、_____。

4．请为图 8-3 中统计分析流程的各个环节进行排序。

图 8-3 统计分析的程序

三、训练评价

根据课堂训练的内容和评分标准，将各项得分填入表 8-2 中。

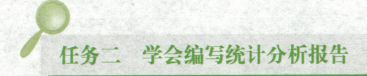

表8-2　理解统计分析的概念实训评价表

各项分值及评分标准	自评分 / 分	小组评分 / 分	教师评分 / 分
1～3题（70分，每空5分）			
4题（30分，每空6分）			
各栏合计 / 分			
实际得分 / 分			

注：实际得分＝自评分×30%＋小组评分×30%＋教师评分×40%。

任务二　学会编写统计分析报告

任务要求

1．了解统计分析报告的含义及写作特点
2．了解统计分析报告的格式及写作的原则
3．初步尝试编写简单的统计分析报告

知识储备

　　以下这篇报道是通过对2009年我国小家电行业投诉情况的综合数据分析，为该行业今后进一步的发展以及更好保护消费者利益提供建议。阅读以下报道后，你一定会发现统计分析报告的撰写，对于已具备了一定统计知识的你来说，做起来游刃有余。在完成本任务的要求前，让我们先分享一篇分析报告的案例吧。

2009年小家电行业投诉统计分析报告

　　随着人们生活水平的提高，小家电产品日渐受到追捧，各种个性化的小家电产品不断丰富、满足着人们日益增长的需求。小家电涵盖了电磁炉、电饭锅、电风扇、饮水机、豆浆机以及加湿器、取暖器等近百类商品。产品战线较长，发展潜力巨大。小家电高额的利润空间和潜在的巨大市场吸引了各路生产企业积极加入。然而由于行业门槛不高，相关企业良莠不齐，从而导致售后服务差、假冒伪劣产品泛滥等问题，给行业的发展带来了隐患。

　　一、投诉概况

　　2009年，中国电子商会主办的315消费电子投诉网（www.315ts.net）共受理小家电投诉1 349宗。经过严格审核，有38宗投诉因投诉人姓名、联系方式不实，反映的问题虚假以及使用了偏激或辱骂性语言被判为无效投诉，有效投诉1 311宗。截止2010年1月10日，已处理的投诉有1 215宗，正在处理的投诉为96宗，投诉解决率为92.68%。

　　二、投诉问题分析

　　在当前的小家电行业，有哪些问题是用户反映较多的？行业又存在哪些不足和弊端？怎

165

样才能让消费者放心购买和使用产品？就这些问题，315消费电子投诉网将在小家电行业的投诉中为大家寻求答案，如图8-4所示。

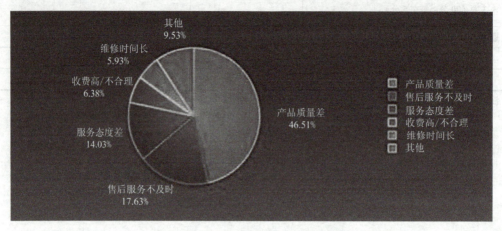

图8-4　小家电行业用户投诉主要问题

　　产品质量差是当前小家电行业最为消费者所诟病的地方，该问题在投诉中的比重高达46.51%就是例证；产品更新快，企业盲目扩张导致售后服务不及时的投诉比例占到了17.63%，位居第二位；此外，维修收费不合理和假冒维修网点层出不穷的问题也一直是消费投诉的焦点。

　　三、投诉综合分析

　　1．投诉价格分布分析

　　总体看来，201～1000元价格的小家电产品占据了投诉的主体，达到了67.35%。超过2000元价位的投诉较少，而低于200元的也不太多。201～500元区间的小家电产品投诉比例最高，达43.25%。电磁炉、电饭锅、饮水机、豆浆机、取暖器等都是在这个区间，而且多为消费者日常生活必需品故投诉量较大，占据了半壁江山。小家电投诉与产品价格的分析如图8-5所示。

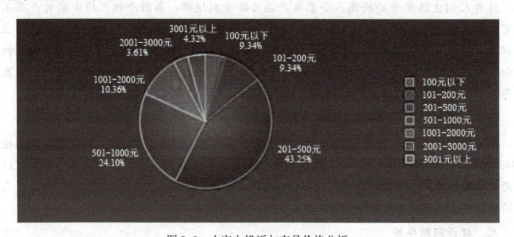

图8-5　小家电投诉与产品价格分析

2．投诉地区分布分析

在 2009 年小家电行业投诉排行中，广东以 215 宗高居榜首，紧随其后的是北京的 156 宗和江苏的 109 宗，山东和上海均以 75 宗进入前五。投诉排行前五位的地区，投诉总量达 630 宗，占总投诉量的 48.05%。统计显示，小家电投诉大都集中在经济发达地区，如图 8-6 所示。

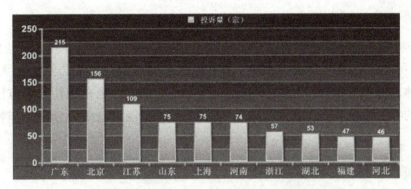

图 8-6　2009 年小家电行业投诉地区排名前十位

3．投诉十大品牌分析

在投诉排行前十名的品牌中，美的、苏泊尔、九阳分列一至三位，如图 8-7 所示。单一产品的领先品牌在小家电行业依然强势，例如九阳在豆浆机行业，苏泊尔在厨房电器行业。

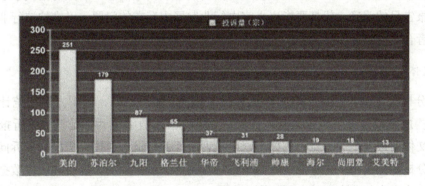

图 8-7　2009 年小家电产品企业投诉排名前十位

4．企业投诉处理情况分析

从投诉处理及反馈情况来看，售后服务比较完善的，处理较好的大部分都是一些实力雄厚的企业，这类企业在对待用户的投诉时，会比较重视，并积极解决。相比而言，一些小家电新锐在产品质量和售后服务上都不甚理想。根据企业对用户投诉的重视程度、处理效率、用户满意度等综合情况，2009 年度小家电行业投诉处理较好的企业有奔腾、九阳、苏泊尔、万和；处理较差的企业有美的、普田、小鸭、方太。

四、总结

随着国家"家电下乡"、"城镇化建设"政策的进一步实施，小家电渠道将得到不断地拓

宽。由此可以预见在 2010 年，我国小家电内需市场空间巨大，增长潜力十分可观。作为企业，在加快技术更新的进程中，更应该提升售后服务质量，促进行业进一步发展。另外，消费者在选购小家电产品时，也需多长个心眼，尽量选购知名产品，在遭遇纠纷时，要懂得通过法律或第三方机构来维权。

（资料来源：315 消费电子投诉网 www.315ts.net）

一、统计分析报告的含义

统计分析报告是根据统计学的原理和方法，运用大量统计数据来反映、研究和分析社会经济活动的现状、成因、本质和规律，并得出结论，提出解决问题方法的一种应用文体。它既在具体的社会经济现象中演绎统计分析方法的逻辑，也在统计分析方法的逻辑中展示具体的社会经济现象的轮廓或某一侧面，是一种能反映统计分析工作特点的规范性文体。

二、统计分析报告写作的特点

统计分析报告的写作主要有以下几个特点：

1. 明确的目的性

统计分析报告写作应具有明确的目的性，要以解决现实问题、满足社会需求为原则，要为需求者提供易于被理解、接受和使用的控制信息或决策信息。例如前面关于小家电投诉统计分析报告目的明确，就是要指出小家电行业发展中存在的问题，以维护该行业的良性发展和消费者合法利益。

2. 文体的特殊性

统计分析报告是一种特殊的文体。对统计数据、相关信息、分析方法和统计图表的描述和分析构成了统计分析报告的基本内容。因此，"用数字说话"是统计分析报告写作区别于其他文体的最典型的特点。例如小家电投诉统计分析报告中投诉概况、投诉问题分析、投诉综合分析等都引用了大量的统计数据来进行阐述。这些生动、翔实的统计数据真实、清晰地反映出小家电行业存在的主要问题。

3. 明显的综合性

统计分析报告的基本内容虽然是统计数据和统计分析过程，但绝不仅仅是就数字论数字，就统计论统计。利用统计数据和分析方法来揭示与这些统计信息相关联学科和现象的含义，才是进行统计分析的目的。所以，统计分析报告写作具有明显的综合性。例如小家电投诉统计分析报告从产品价格分布、地区分布、十大品牌分布以及企业投诉处理情况分析等多维度、多侧面，运用统计数据综合分析了小家电企业生产经营中存在的严峻问题及现状，充分论证了小家电企业应积极采取有效措施解决问题，走健康发展之路，以满足人们日益增长的需求。

4．鲜明的实践性

统计分析报告是写作实践活动和管理实践活动的统一。在统计分析报告写作的目的性中可以看出，统计分析报告总是为解决现实问题、满足社会需求服务的。可以说，统计分析报告的管理实践性是体现其社会价值的前提和基础。否则，统计分析报告就失去了存在的意义。例如小家电投诉统计分析报告可以帮助企业充分认识到小家电内需市场空间巨大，但要在竞争激烈的小家电市场中分得一杯羹，实现其产品的社会价值，除了加快技术更新，更应该提升售后服务质量，促进行业进一步发展。

三、统计分析报告的格式

所谓结构，就是文章的内部组织、内部构造，是对文章内容进行安排的形式。统计分析报告的结构最常见的有两种格式，一种就是"情况、问题和建议"三段式；还有一种就是"提出问题——分析问题——解决问题"。但统计分析报告的格式不应该局限于三段式，而应根据实际采取多种形式。一般来说，统计分析报告主要由标题、导语、正文和结尾四个部分构成。

1．标题

标题是文章中心内容、基本思想的集中体现，是引起读者注意的关键因素，要求生动、明确、针对性强，能够吸引人。

标题有如下几种表现形式：

（1）以分析目的为标题。这种形式直接表明统计分析的对象或分析的问题，一目了然。例如"武汉市居民个人的投资意愿及现状"。

（2）以主要论点为标题。例如"加速某市工业发展大有作为"。

（3）以主要结论为标题。例如"绿色消费品逐渐受市场青睐"。

（4）以提问的方式为标题。例如"开放 B 股市场会引发居民外汇储蓄下降吗？"

（5）可以采取双标题的形式，即有正题和副题两个标题。例如"花明天的钱，圆今天的梦——城市居民教育消费意愿分析报告"。

2．导语

导语是统计分析报告的开头部分。这部分的文字要力求言简意赅，内容要富有概括力，条理清晰。具体写法大致有以下几种：

（1）开门见山。一开始就点出基本事实。

（2）造成悬念。通过提出一个大家关心的问题，引出报告的主要内容和基本观点。

（3）交代动机。通过议论说明事件的重要性，突出该报告的中心内容、作用和意义。

（4）总括全文。这种开头把全文所要阐述的内容作概括的介绍，使读者在开篇就能了解报告的主要内容，也为全文的论述定下基本的格局。

3．正文

正文是统计分析报告的主要部分，包括基本情况、成绩、问题、原因分析和建议措施等，所占篇幅大，内容多，在结构上要精心安排。归纳起来，正文的结构形式主要有以下几种：

（1）递进结构，即各层意思之间是层层递进、层层深入的。一般又可分为按照事物之间的因果关系展开和按照事物逻辑层次展开的递进结构。

（2）并列结构，即各层意思之间是并列关系。一般是将所要表述的情况，分成并列的几部分横向展开。比如在分析国民经济发展状况时，按照农业、工业、商业等内容分别进行叙述。

（3）序时结构，即按事物发展的经过和时间的先后次序安排层次。这种结构多用于反映客观事物随着时间的变化而变化的统计分析。例如在分析我国经济发展状况时，可按"十一五"时期、"十二五"时期来安排。

总之，正文部分的写作要做到结构严谨、层次分明、条理清晰、逻辑严密，注意使用的材料一定要经过分析研究，集中概括，材料和观点要统一，切忌数据资料的罗列和事实现象的堆砌。

4．结尾

结尾主要是总结统计分析研究所得的结果，起着画龙点睛的作用，在写法上要简明扼要，抓住最关键最有价值的结论。统计分析报告的结尾，大致有以下几种写法：

（1）总结全文，深化主题。

（2）表明态度，提出建议。

（3）展望未来，做出预测。

（4）呼应开头，首尾圆合。

（5）提出问题，发人深省。

试一试

● 你能口头分析一下本任务开始时统计分析报告的结构吗？

四、统计分析报告写作的原则

统计分析报告的写作一般要遵循以下原则：

1．主题要突出

撰写统计分析报告，要明确主题。主题是统计分析报告的核心与"灵魂"。统计分析报告中对统计数据的选择，对问题的描述和分解，对分析方法的利用，对统计数据分析的要求，以及最后所作出的统计分析的结论等，都要为主题服务，都要以紧扣主题为原则。在小家电投诉统计分析报告中，作者就是根据消费者对小家电产品投诉这一根主线，从各方面分析其数量变化，从中引出了自己的观点，形成对所分析问题的明确认识，写出了有理有据、观点鲜明、材料充实、结构严谨、层次清晰、文字简练的分析报告。

2．结构要严谨

所谓结构严谨，一方面是指统计分析报告内容的组织要完整，另一方面是指统计分析报告内容的构造安排要逻辑清楚、层次分明。整个统计分析活动的叙述要以表现主题为标准，抓住关键因素、重点因素，对资料的取舍、分析的详略、论述的先后与轻重等都要得当。因此，结构能否严谨，首先取决于作者思想认识和思路是否清晰、严密。只有作者充分认识与掌握事物发展的内在规律，才能把它顺理成章地表达出来。在小家电投诉统计分析报告中，作者就是充分认识到了消费者与生产企业之间的利害关系，才能从对投诉情况的数据分析中，层层递进，揭示出企业只有保证产品质量，提高售后服务质量，才能促进小家电行业进一步发展。

3. 观点和材料要统一

观点和材料的统一是统计分析报告写作的一个重要原则。观点和材料要统一，是指从论据（材料）到论点（观点）的论证要合乎逻辑，要合乎统计学及有关学科的学科规范。这就要求编写统计分析报告必须处理好材料与观点的关系，用观点统率材料，用材料说明观点，做到材料与观点的辩证统一。如果材料与观点脱节，便失去统计分析报告的说服力。在小家电投诉统计分析报告中，作者合理运用总量指标、结构相对数等各种统计数据，步步深入进行分析，既展示了小家电市场的巨大潜力，又指明了制约该市场进一步发展的主要问题。

4. 语言要力求准确、简洁、通俗、生动

撰写一篇好的分析报告，要善于运用典型的事例、确凿的数据、简练的措词、生动的语言来说明问题。准确是指语言要符合实际，尽可能使用学科规范术语，避免引起歧义，并且要合乎语法、逻辑，表达恰如其分。简洁即言简意赅，用尽可能少的文字表达尽可能丰富的内容。通俗是指容易被读者理解和接受，即语言的运用应充分考虑到读者的阅读习惯和理解能力，对于生僻的专业术语，应作必要的说明与解释。对于大量的统计数据分析或说明，应借助相应的统计图或统计表等更简明、更直观的形式。生动是指语言具有活力，能感动人。

5. 要有严肃认真的写作态度

统计分析报告写作中引用的数据和背景资料，应确保准确与真实；采用的分析方法，应确保科学与规范；引申＋的观点，应确保合乎逻辑，经得起推敲。此外，在时间许可的范围内，应对统计分析报告的结构、数据资料、方法与语言等进行反复修改。总之，要以严肃认真的写作态度创造高质量的统计分析成果。

阅读材料

我国"十一五"经济社会发展成就综述

"十一五"时期（2006 年至 2010 年），是我国经济和社会发展史上极不容易、极不平凡的五年。面对国内外环境的复杂变化和重大风险挑战，全国各族人民在党中央、国务院的正确领导下有效应对国际金融危机的巨大冲击，战胜了汶川地震等重大自然灾害，完成了"十一五"规划确定的主要目标和任务，我国经济社会发展取得新的巨大成就，综合国力大幅提升，人民生活不断改善。

一、经济平稳较快增长 综合国力大幅提升

"十一五"时期的五年，是我国积极应对来自国内外的各种风险和挑战，经济保持平稳较快增长、综合国力大幅提升的五年。根据国家统计局的数据，2006 年至 2010 年，我国国内生

产总值年均实际增长 11.2%, 不仅远高于同期世界经济年均增速, 而且比"十五"时期年平均增速快 1.4 个百分点, 是改革开放以来最快的时期之一。去年我国国内生产总值达到 397 983 亿元, 扣除价格因素, 比 2005 年增长 69.9%。经济总量居世界位次稳步提升。2010 年, 我国国内生产总值按平均汇率折算达到 58 791 亿美元, 成为仅次于美国的世界第二大经济体。

二、完善基础设施　加强薄弱环节

"十一五"时期的五年是基础设施和基础产业迅速发展, 经济发展的瓶颈制约进一步缓解的五年。过去 5 年, 我国城镇基础设施累计完成投资 22.1 万亿元, 年均增长 21.8%。其中, 铁路运输业累计投资 22 688 亿元, 年均增长 46.0%; 城市公共交通业、水利、环境和公共设施管理业、农业和能源等基础产业、煤炭开采及洗选业累计投资年均增长 30% 左右。同期, 我国粮食产量年均增长 2.5%, 实现连续七年增产, 连续四年稳定在 5 亿吨以上。全国铁路营业里程由 2005 年的 7.5 万公里增加至去年的 9.1 万公里。旅客周转量由 2005 年的 17 467 亿人公里增加到 2010 年的 27 779 亿人公里, 年均增长 9.7%。2010 年, 全国固定及移动电话用户总数达到 115 339 万户, 比 2005 年增长 55.1%; 移动电话用户数达到 85 900 万户, 比 2005 年增长 1.18 倍; 互联网上网人数 4.57 亿人, 互联网普及率达到 34.3%。

三、结构调整取得新进展　发展协调性增强

"十一五"时期的五年, 是坚持以科学发展观统领经济社会发展全局, 着力推进转变经济发展方式和经济结构调整的五年。国内需求对经济增长的贡献率大幅提高, 特别是在应对国际金融危机冲击中, 扩大内需政策起到了极为关键的作用。与 2005 年相比, 去年我国国内需求对经济增长的贡献率提高了 15.2 个百分点。同期, 我国服务业发展加快, 第三产业年均增长 11.9%, 比"十五"时期加快 1.4 个百分点。随着经济的发展, 城镇化步伐快速推进。2009 年, 我国城镇人口占总人口的比重为 46.6%, 比 2005 年提高 3.6 个百分点, 年均提高 0.9 个百分点。过去 5 年, 我国中西部地区加快发展, 经济总量和投资占全国的比重持续上升, 区域发展呈现出协调性增强的趋势。"十一五"时期, 我国进出口贸易规模不断扩大。2010 年, 我国货物进出口总额 29 728 亿美元, 比 2005 年增长了 1.09 倍。进出口贸易总额近年来一直位居世界前列, 其中货物出口额在 2009 年超过德国跃居世界第一位; 货物进口额仅次于美国, 居世界第二位。此外, 我国进出口商品结构进一步优化, 利用外资规模不断扩大, 对外投资迅速发展。

四、人民生活显著改善　社会保障事业全面推进

"十一五"时期还是大力改善人民生活, 社会保障取得突破性进展的五年。我国城乡就业人数从 2005 年年末的 75 825 万人增加到 2009 年年末的 77 995 万人, 年均增加 543 万人。大量乡村富余劳动力不断向城镇转移, 2010 年农民工总量达到 24 223 万人。同期, 我国城乡居民收入快速增长。2010 年, 我国城镇居民人均可支配收入 19 109 元, 比 2005 年增长 82.1%, 扣除价格因素, 年均实际增长 9.7%; 农村居民人均纯收入 5 919 元, 比 2005 年增长 81.8%, 扣除价格因素, 年均实际增长 8.9%。同期, 我国社会保障体系的框架基本确立, 城乡养老、医疗和最低生活保障制度建设取得突破性进展, 各项社会保险覆盖人群迅速增长。

五、科教文卫社会等事业快速发展

我国科教文卫等社会事业在"十一五"时期加快发展。"神舟七号"载人航天飞行圆满成功, 嫦娥一号、嫦娥二号卫星成功发射。我国首台千万亿次超级计算机系统、第一台深海

载人潜水器等重大科技工程成果丰硕。过去五年环境质量持续改善，节能降耗工作进展顺利。我国单位国内生产总值能耗累计下降19.06%，基本完成"十一五"节能降耗目标。污染物排放总量逐步得到控制。2009年4月，新一轮医改大幕拉开，国家提出把基本医疗卫生制度作为公共产品向全民提供，从2009年开始，我国逐步向城乡居民统一提供疾病预防控制、妇幼保健、健康教育等基本公共卫生服务。此外，我国还成功举办了2008年北京奥运会和2010年上海世博会，实现了中国人的百年梦想，极大地扩大和提升了中国的国际影响力。

 课堂训练

一、训练要求

由2～4人的小组合作学习完成，也可独立完成。

二、训练内容

对下列调查材料进行简要分析，写一段陈述分析文字。

某电视台就目前我国教育形势问题对北京、西安、武汉三座城市的900余位常驻户口居民进行了抽样问卷调查，被调查者对网络教育看法的统计结果，见表8-3。

表8-3 网络教育看法调查统计表

看　法	统计结果（%）
未来的主流教育	44.7
一样学到知识	41.7
追赶新奇时髦	13.6

三、训练评价

根据课堂训练的内容和评分标准，将各项得分填入表8-4中。

表8-4 调查材料文字分析评价表

各项分值及评分标准	自评分/分	小组评分/分	教师评分/分
观点明确、主题突出（25分）			
结构合理、条理清晰（25分）			
语言简练、准确、生动（25分）			
能提出自己的意见（25分）			
各栏合计/分			
实际得分/分			

注：实际得分 = 自评分 ×30%+ 小组评分 ×30%+ 教师评分 ×40%。

 知识拓展

一、怎样才能使统计分析更加深入

1. 定性分析与定量分析相结合

定性分析是根据现有资料和经验，主要运用演绎、归纳、类比以及矛盾分析的方法，对

事物的性质进行分析研究。定性分析主要从实地调查收集资料，通过选择能代表事物本质的典型特征进行研究而获得结论。定性分析可以较快地从纷繁复杂的事物中找出其本质要素。但由于定性分析忽略了同类事物在数量上的差异，结论多具有概貌性，并带有一定程度的主观成分，因此不容易根据定性分析的结论来推断所涉及的社会经济现象的总体。

定量分析是研究社会经济现象的数量特征、数量关系和发展过程中的数量变化的方法。定量分析可以为认识社会经济现象提供量的说明，可以反映事物总体的数量情况。定量分析是现代统计调查分析的主要方法，但定量分析也有一定的局限性。只有把定量分析与定性分析结合起来，才能形成完整和科学的分析方法体系。

2. 要善于使用比较分析的方法

比较是认识事物的基本方法，也是统计分析的基本方法。统计分析离不开比较，如分组法、动态数列法、指数法等统计分析方法，它们有一个共同的特点，就是通过比较来说明问题。

比较可以分为纵比和横比。纵比是事物现状与历史的比较，可以反映事物前后的变化，揭示事物的内部联系。横比是一事物与其他同类事物的比较，可以反映事物之间的差距，找出事物的外部联系。

在统计分析中使用比较的地方较多，如本期与上期比、本期与上年同期比、本单位与外单位比等。使用比较时应注意可比性。指标的口径范围、计算方法、计量单位必须一致；比较的指标类型必须统一；比较单位的性质必须相同。

3. 要善于进行系统分析

社会是一个错综复杂、互相联系的有机整体。在分析过程中，不但要注意研究对象所包括的各因素之间相互联系、相互制约的关系，而且要用系统的眼光将所研究的对象放在社会的大系统中去考察。只要我们从多层次、多角度去进行分析，就可以使认识不断深化，逐步由感性上升到理性，以弄清事物的本质和掌握事物的规律。

二、常用的统计分析方法

1. 综合指标法

综合指标法是指运用各种统计综合指标来反映和研究社会经济现象总体的一般数量特征和数量关系的研究方法。对大量的原始数据进行整理汇总，计算各种综合指标，可以显示出现象在具体时间、地点条件下的总量规模、相对水平、集中趋势、变异程度等。综合指标法概括地描述了总体各单位数量分布的综合数量特征和变动趋势。在统计分析中广泛运用各种综合指标来探讨总体内部的各种数量关系，有利于揭露矛盾，发现问题，进一步寻找解决问题的方法。

在本书项目五中涉及的总量指标、相对指标、平均指标和标志变异指标的计算与分析，都是运用综合指标法来研究现象之间的数量关系的。

2. 抽样推断法

抽样推断是指在抽样调查的基础上，利用样本的实际资料计算样本指标，并据以推算总体相应数量特征的一种统计分析方法。抽样推断的特点归纳起来有以下几点：

（1）抽样推断是由部分推算整体的一种认识方法。

（2）抽样推断是建立在随机抽样的基础上。

（3）抽样推断是运用概率估计的方法。

（4）抽样推断的误差可以事先计算并加以控制。

利用样本资料认识总体的数量特征有两种途径，因此抽样推断的主要内容也就有两个方面，即参数估计和假设检验。参数估计是依据所获得的样本观察资料，对所研究现象总体的水平、结构、规模等数量特征进行估计。假设检验是利用样本资料对总体所作的某种假设进行检验，来判断这种假设的真伪，以决定行动的取舍。

在实际工作中，不可能对总体的所有单位进行全面调查，来达到认识总体数量特征的目的。但是统计研究又要求对总体的各项综合指标作出客观的估计，而参数估计恰好能满足这一要求，所以参数估计推断方法在实际工作中被广泛采用。参数估计的具体内容在本书项目六的任务三中有较为详细的阐述。

3．动态分析法

动态分析法是以事物所显现出来的数量特征为标准，判断研究对象是否符合正常发展趋势的要求，探求其偏离正常发展趋势的原因并对未来的发展趋势进行预测的一种统计分析方法。

动态分析法主要包括两个方面：一是编制时间数列，观察客观现象发展变化的过程、趋势及其规律，计算相应的动态分析指标用以描述现象发展变化的特征；二是编制较长时期的时间数列，在对现象变动规律性判断的基础上，测定其长期趋势、季节变动的规律，并据此进行统计预测，为决策提供依据。

动态分析法通过观察编制好的时间数列，可以看出现象变化的大致过程和趋势，但要给予定量分析，必须计算各种动态分析指标，一类是动态比较指标，主要有增长量、发展速度、增长速度；另一类是动态平均指标，主要有平均发展水平、平均发展速度、平均增长速度。其计算方法在本书项目七的任务一中进行了介绍。使用这种方法要注意历史数据的可比性，指标的口径要一致。

4．因素分析法

因素分析法是用来考察受多种因素影响的某种事物，在其总变动中各个因素的影响方向和影响程度的一种统计分析方法。因素分析法主要有差额分析法和连环替代分析法。

如果各项目因素与某项指标的关系是加或减的关系时，可采用差额分析法。差额分析法应用的范围非常广泛，比如在分析各板块收入对总收入的影响、各种产品利润对总利润的影响、各种成本变化对总成本的影响时都可以采用此种方法。

如果各项目因素与某项指标的关系是相乘的关系时，可采用连环替代分析法。连环替代指的是在分析其中一个因素变动时，将另一因素固定下来，也就是假设一个因素不变时分析另一个因素对指标的影响。本书项目七的任务二统计指数分析的相关内容，就是连环替代分析法的运用。

5．相关分析法

相关分析法是考察一个经济变量与另一个经济变量之间的相关关系，也就是其数量依存关系的一种统计分析方法。进行相关分析必须把定性分析和定量分析相结合，先利用经济理论及相关知识判断两者之间是否存在相关关系，然后在定性分析的基础上，根据历史资料计算相关系数，进行定量分析。

相关分析法在经济形势分析中应用很多。比如判断国民生产总值（GDP）指标的走势，可以参考与国民生产总值（GDP）指标相关程度较高的一些指标，如固定资产投资、工业增

加值、信贷总量等。再比如税收与居民消费的关系，粮食产量与农民收入的关系，专业就业率与报考率之间的关系，加息与存款额的关系等，都可用到相关分析法。

6. 模型分析法

模型分析法是利用经济数学模型对经济运行的内在规律、发展趋势进行分析和预测的一种统计分析方法。

经济数学模型多种多样，总体上可分为时间序列模型和经济计量模型两种。前者是根据序列本身的历史信息建立起来的一种模型，后者是根据经济理论建立起来的数理统计模型。时间序列模型由于计算较为简单，所以应用较为普遍；经济计量模型计算比较繁琐，对专业知识要求较高。

7. 综合评价分析法

综合评价分析法是指运用多个指标，对多个单位同时进行评价和比较的统计分析方法。其基本思想是将多个指标转化为一个能够反映综合情况的指标来进行评价。因此，根据明确的评价目标，建立综合评价分析指标体系，是进行综合评价分析的基础和依据。

在综合评价过程中，一般要根据指标的重要性进行加权处理，评价结果不再是具有具体含义的统计指标，而是以指数或分值表示参评对象"综合状况"的排序。如今非常流行的企业综合竞争力排序、企业综合经济效益评价都可以采用这种方法。评价不同国家的经济实力、不同地区的社会发展水平时，也可以采用综合评价分析法。

综合评价分析方法有很多，主要有综合评分法（百分法和名次计分法）、平均指数法和功效系数法等。

项目总结

统计分析是统计工作的最后阶段，也是统计工作获取成果的阶段。

统计分析是指从一定的目的出发，根据统计调查、统计整理所掌握的大量数据及相关资料，运用统计所特有的方法，对客观现象进行分析研究，透过现象的数量表现来揭示现象的本质及其规律性，并预测其发展趋势的一种认识活动。

统计分析的程序一般需要经过以下几个环节：（1）确定分析课题；（2）拟定分析提纲；（3）收集、整理统计资料；（4）进行系统分析，得出结论；（5）撰写统计分析报告。

统计分析阶段需要使用各种专门的统计分析方法，才能帮助我们正确认识经济现象的本质及其规律性，常用的统计分析的基本方法，主要有综合指标法、抽样推断法、动态分析法和因素分析法。

统计分析报告是表述统计分析过程与结果的一种文书资料，是一种能反映统计分析工作特点的规范性文体。因此，明确统计分析报告的格式和写作原则，能够撰写简单的书面统计分析报告，是一项十分重要的统计工作技能。

在市场经济建立和完善的过程中，统计分析的作用越来越大，它将统计数字转化成统计成果，是企业经营决策的重要依据，是统计人员参与企业经营管理的重要渠道，也是统计人员提高自身综合水平的有效途径，更是政府宏观调控和企事业单位在产品、营销、服务、管理等方面决策咨询的最有力的工具。

参 考 文 献

[1] 李强，王吉利，方宽. 统计基础知识与统计实务 [M]. 3 版. 北京：中国统计出版社，2009.

[2] 黄良文，陈仁恩. 统计学原理 [M]. 4 版. 北京：中央广播电视大学出版社，2006.

[3] 任洪润. 市场信息的收集与处理 [M]. 北京：电子工业出版社，2006.

[4] 冯亮能，蒋志华. 市场调查与预测 [M]. 北京：高等教育出版社，2002.

[5] 水延凯，等. 社会调查教程 [M]. 4 版. 北京：中国人民大学出版社，2007.

[6] 陈强. 初级实用统计方法 [M]. 上海：华东师范大学出版社，2008.

[7] 娄庆松，曹少华. 统计基础知识 [M]. 北京：高等教育出版社，2006.